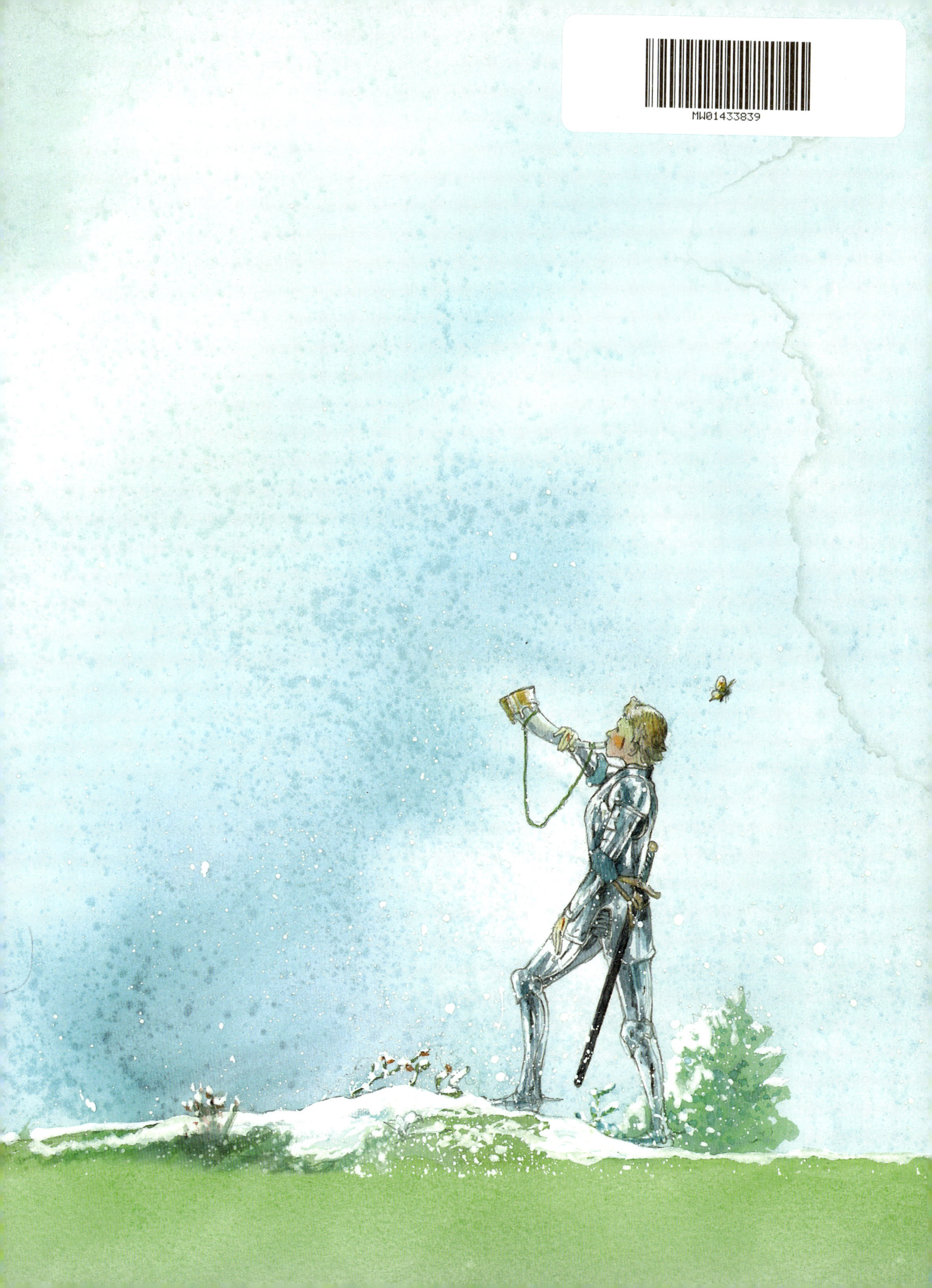

Éditions Usborne

# Histoires de chevaliers

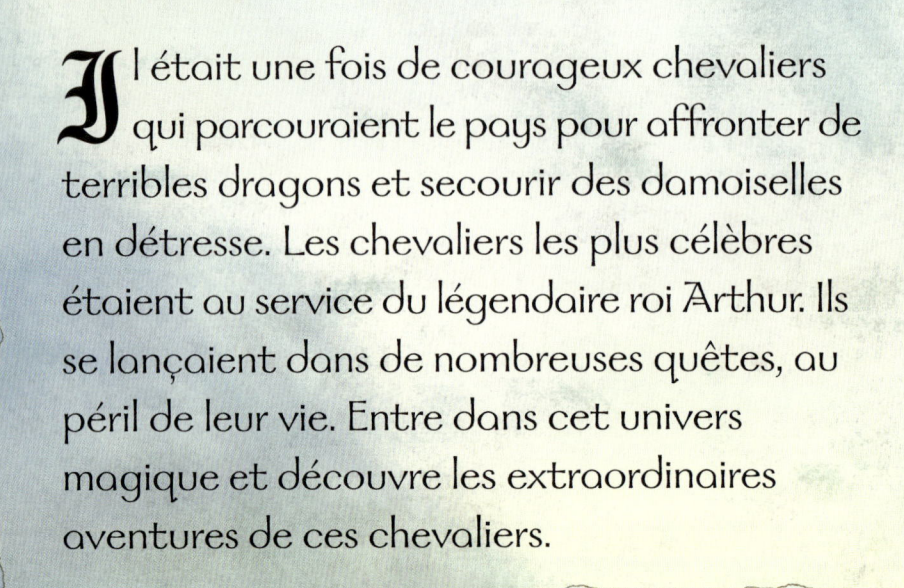

Il était une fois de courageux chevaliers qui parcouraient le pays pour affronter de terribles dragons et secourir des damoiselles en détresse. Les chevaliers les plus célèbres étaient au service du légendaire roi Arthur. Ils se lançaient dans de nombreuses quêtes, au péril de leur vie. Entre dans cet univers magique et découvre les extraordinaires aventures de ces chevaliers.

Merci à Abigail Wheatley pour ses conseils.

© 2006 Usborne Publishing Ltd, Usborne House, 83-85 Saffron Hill, Londres EC1N 8RT, Grande-Bretagne. © 2010 Usborne Publishing Ltd pour le texte français. Le nom Usborne et les marques ♀ ♛ sont des marques déposées d'Usborne Publishing Ltd. Tous droits réservés. Aucune partie de cet ouvrage ne peut être reproduite, stockée en mémoire d'ordinateur ou transmise sous quelque forme ou moyen que ce soit, électronique, mécanique, photocopieur, enregistreur ou autre sans l'accord préalable de l'éditeur. Imprimé aux Émirats arabes unis.

Éditions Usborne

# Histoires de chevaliers

Anna Milbourne
Illustrations : Alan Marks

Maquette : Amanda Gulliver
et Nelupa Hussain

Édition : Gillian Doherty

Pour l'édition française :
Traduction : Caroline Slama
Rédaction : Renée Chaspoul et Charlotte Blann

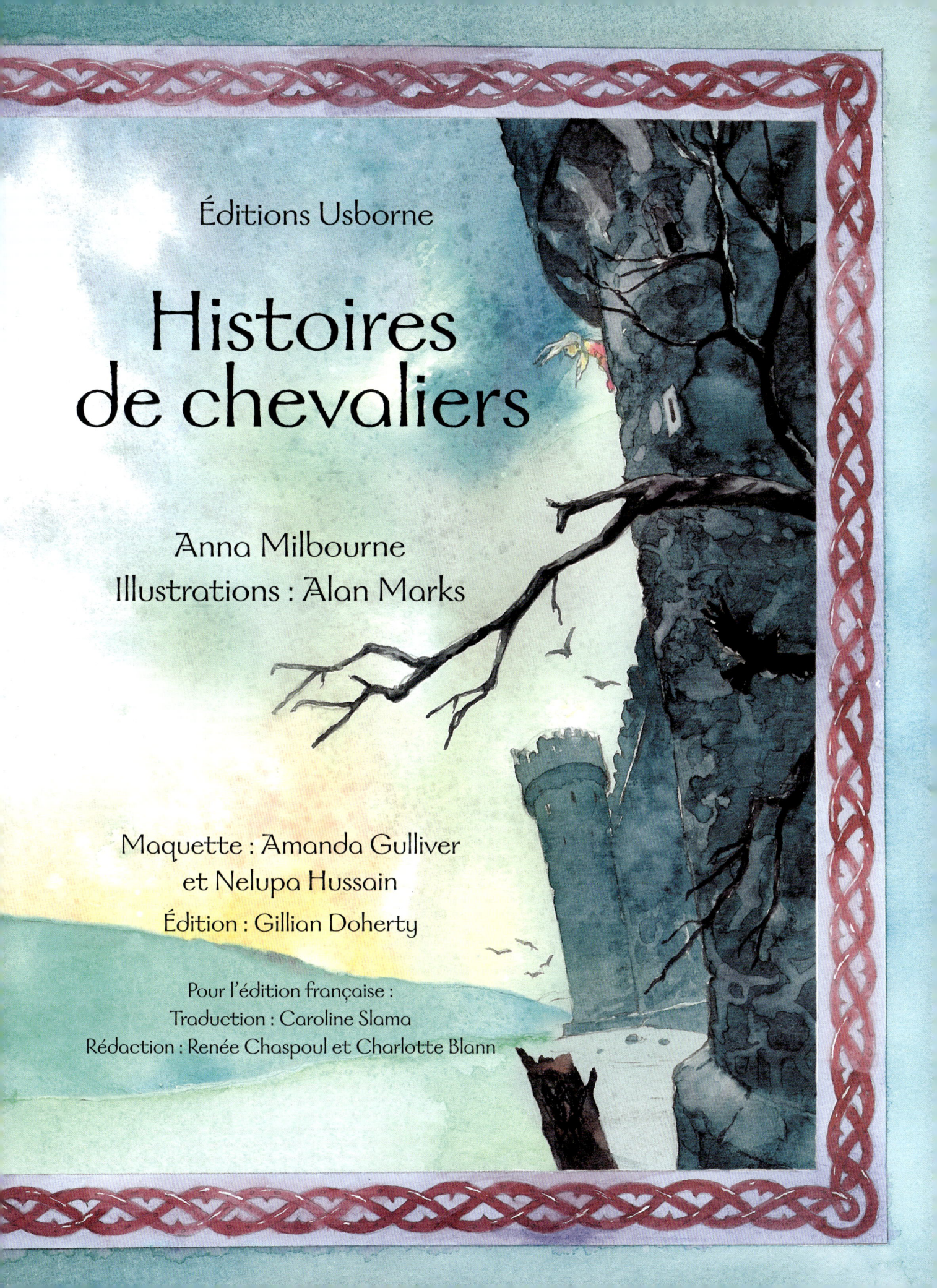

# Table des matières

- 6     Le chevalier et le lion
- 15    La première quête de Guillaume
- 25    Le jardin de l'été éternel
- 36    Le chevalier et la courageuse princesse
- 46    L'affreuse épouse de Gauvain

56 Le marmiton devenu chevalier

67 Le roi Arthur et la barge magique

78 Orphée et sa harpe

88 Le Val sans retour

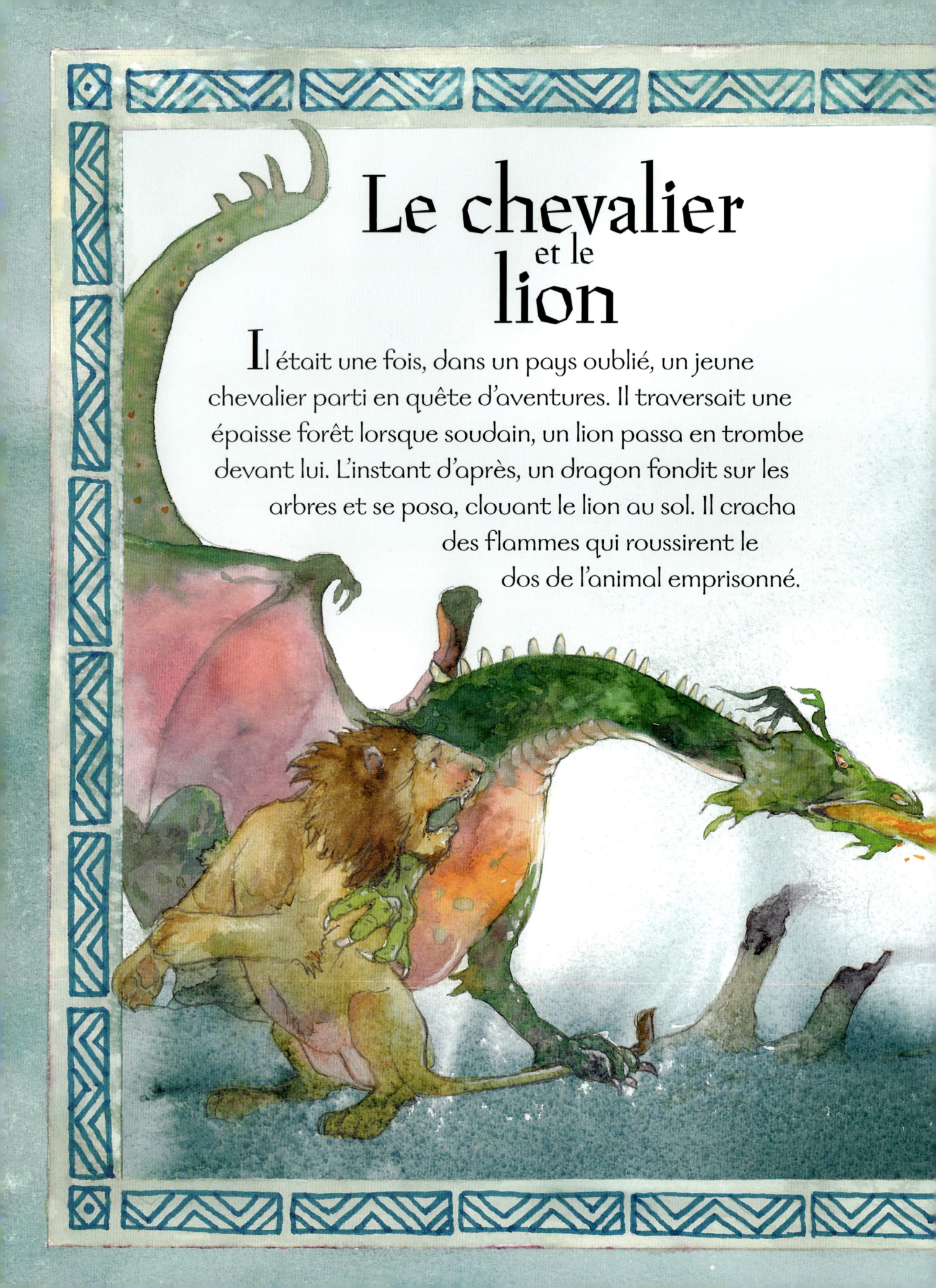

# Le chevalier et le lion

Il était une fois, dans un pays oublié, un jeune chevalier parti en quête d'aventures. Il traversait une épaisse forêt lorsque soudain, un lion passa en trombe devant lui. L'instant d'après, un dragon fondit sur les arbres et se posa, clouant le lion au sol. Il cracha des flammes qui roussirent le dos de l'animal emprisonné.

Owen, le jeune chevalier, voyant que le pauvre lion allait mourir brûlé s'il n'intervenait pas, sortit son épée et chargea.

En entendant le bruit des sabots du cheval au galop, le dragon tourna la tête et cracha un jet de flammes sur le chevalier. Owen tira sur les rênes et sa monture esquiva le feu au dernier moment.

Alors que le dragon gonflait de nouveau la poitrine, Owen s'élança et enfonça son épée dans le cou de la bête. Celle-ci laissa échapper un grondement féroce alors que la lame acérée s'enfonçait dans sa peau. Un autre jet de flammes força Owen à reculer.

Le jeune homme fit faire demi-tour à sa monture et chargea à nouveau. Cette fois, le dragon attaqua le chevalier et le projeta au sol. Gardant une griffe sur le lion, la bête frappa Owen. Celui-ci s'arma de courage et, lorsque le dragon fut tout près de lui, il lui plongea l'épée droit dans le cœur. Avec un cri déchirant, le dragon s'écrasa sur le sol, mort.

Owen se releva et essuya l'horrible sang vert qui souillait son épée. Puis il regarda le lion, qui tremblait, mais n'avait pas bougé d'un pouce. En approchant, Owen vit que la queue de l'animal était coincée dans la griffe du dragon.

Le chevalier réfléchit, puis il haussa les épaules en s'excusant. « Désolé, mais c'est le seul moyen de te libérer », dit-il. D'un geste vif, il coupa le bout de la queue du lion.

Le lion bondit, rugissant de douleur. Il regarda Owen, l'air affolé. Le chevalier rassembla son courage, croyant que la bête allait l'attaquer. Au lieu de cela, le lion baissa la tête et se prosterna devant lui. Lorsque l'animal se releva, ses yeux étaient pleins de larmes.

« Tu me remercies ? » demanda Owen, incrédule.

En guise de réponse, le lion se coucha et posa doucement la tête sur les pieds du chevalier.

« Incroyable ! dit Owen. Je suis content de t'avoir aidé. » Il secoua la tête, grimpa sur son cheval et partit vers la forêt. Il n'avait fait qu'un petit bout de chemin lorsqu'il vit que le lion le suivait. Il arrêta son cheval et le lion s'arrêta aussi. « Pourquoi me suis-tu ? » demanda Owen.

Le lion le regarda de ses doux yeux couleur ambre.

Owen tourna le dos et s'élança au trot dans la forêt. Le lion le suivit en bondissant. Owen accéléra l'allure, puis galopa, mais le lion le suivit sans peine. Exaspéré, le chevalier tenta de semer l'animal entre les arbres, mais à chaque fois qu'il regardait derrière lui, le lion était toujours là.

Owen s'arrêta enfin pour se reposer. « Inutile de me suivre, dit-il au lion d'un air sérieux. J'ignore ce que tu veux. » Il s'installa sous un arbre pour dormir, et le lion se coucha à ses pieds comme un chien fidèle.

Au cours des jours suivants, Owen s'habitua à la présence de ce gros animal silencieux. Quand il sortit enfin de la forêt, il lui semblait tout naturel d'avoir un lion à ses côtés.

Ils atteignirent alors une grande ville fortifiée. Owen frappa à la porte et une sentinelle maigre à l'air lugubre jeta un coup d'œil par une petite ouverture. En apercevant le lion, l'homme écarquilla les yeux, affolé. « Vous ne pouvez pas entrer avec cet animal, dit-il nerveusement au chevalier.

— Ne vous en faites pas, répondit Owen en caressant le dos du lion. Il ne fera de mal à personne. »

La sentinelle hésita, puis haussa les épaules. « De toute façon, ça ne changera rien », murmura-t-il avant d'ouvrir la porte.

À l'intérieur, la ville était dans un état désolant. Les rues étaient désertes, et seuls quelques gamins très maigres s'enfuirent en criant à la vue du lion. Les étals brisés du marché étaient éparpillés sur le sol et les maisons étaient délabrées.

Au cœur de la ville se dressait un énorme château. Alors qu'Owen s'en approchait, le seigneur de la demeure sortit pour l'accueillir. Il était aussi maigre et pâle que la sentinelle, mais il s'adressa au chevalier en souriant. « Bien le bonjour, lui dit-il. Voulez-vous entrer ? »

Il mena Owen dans une grande salle, où sa femme et sa fille cousaient. Lorsque le lion apparut sur le seuil, les deux femmes se levèrent, affolées. « N'ayez crainte, dit Owen. Il est doux comme un agneau. » Tandis qu'il parlait, le lion traversa la pièce et s'installa tranquillement près de l'âtre.

« Vous et votre lion pouvez passer la nuit ici, dit le seigneur, mais je crains que vous ne deviez partir demain avant midi. »

« Voilà de bien étranges paroles », pensa Owen. Il remarqua alors que le seigneur avait l'air anxieux et que son épouse et sa fille semblaient avoir pleuré. « Dites-moi ce qui vous soucie, dit Owen. Je peux peut-être vous aider. »

Son hôte soupira. « J'ai bien peur qu'on ne puisse rien faire, dit-il sombrement. Un géant terrorise notre ville. Il a détruit nos récoltes et écrasé tous nos étals. Il a volé notre nourriture et effrayé nos enfants. Et maintenant... » Le seigneur se tut et ses yeux s'emplirent de désespoir. « Il a capturé mes quatre fils, poursuivit-il. Il revient demain, et il les tuera si je ne lui donne pas ma fille.

— Je vais m'en occuper, dit Owen d'un ton décidé. Je vais vous débarrasser de ce géant une fois pour toutes ».

Le matin suivant, le chevalier se mit en quête du géant, le lion à ses côtés. Les habitants, qui avaient eu vent de la présence d'Owen, s'étaient rassemblés pour le voir passer. « Il est tellement courageux qu'un lion lui obéit, murmura une jeune fille à sa mère.

— Oui, répondit celle-ci d'un air sombre, mais courageux ou pas, il court à sa perte. »

Dès qu'Owen et le lion eurent franchi les portes de la ville, la sentinelle remit aussitôt les verrous en place et tous les habitants se ruèrent sur les remparts pour voir ce qui allait se passer ensuite.

Bien vite, le sol se mit à trembler sous les pas du géant et la poussière emplit l'air à son approche. Le géant était vraiment terrifiant : il était aussi haut que les remparts et aussi large qu'une tour. Dans un de ses poings énormes, il avait un gourdin de la taille d'un tronc d'arbre. Dans l'autre, il tenait les quatre fils du roi. Il s'approcha des portes d'un pas lourd et se pencha sur Owen. « Que veux-tu, petit chevalier ? tonna-t-il.

— Je t'ordonne de libérer les fils du roi et de laisser cette ville tranquille, répondit fermement Owen. Sinon, je serai obligé de te tuer. »

Le géant rit à gorge déployée. « Toi ? Me tuer ? gloussa-t-il en secouant les fils du roi comme des pantins. J'aimerais bien voir ça.

— Très bien », dit Owen avant d'abaisser sa lance et de charger. Le géant hurla lorsque l'arme s'enfonça dans sa jambe. Il l'arracha et la cassa en deux comme une brindille. Puis, fou de rage, il balança son gourdin et en assena un coup à Owen, qui fut propulsé dans les airs.

Le chevalier s'envola et s'écrasa dans la poussière avec un bruit sourd. Il ne bougeait pas, assommé par le choc, et le géant se rua sur lui pour l'achever.

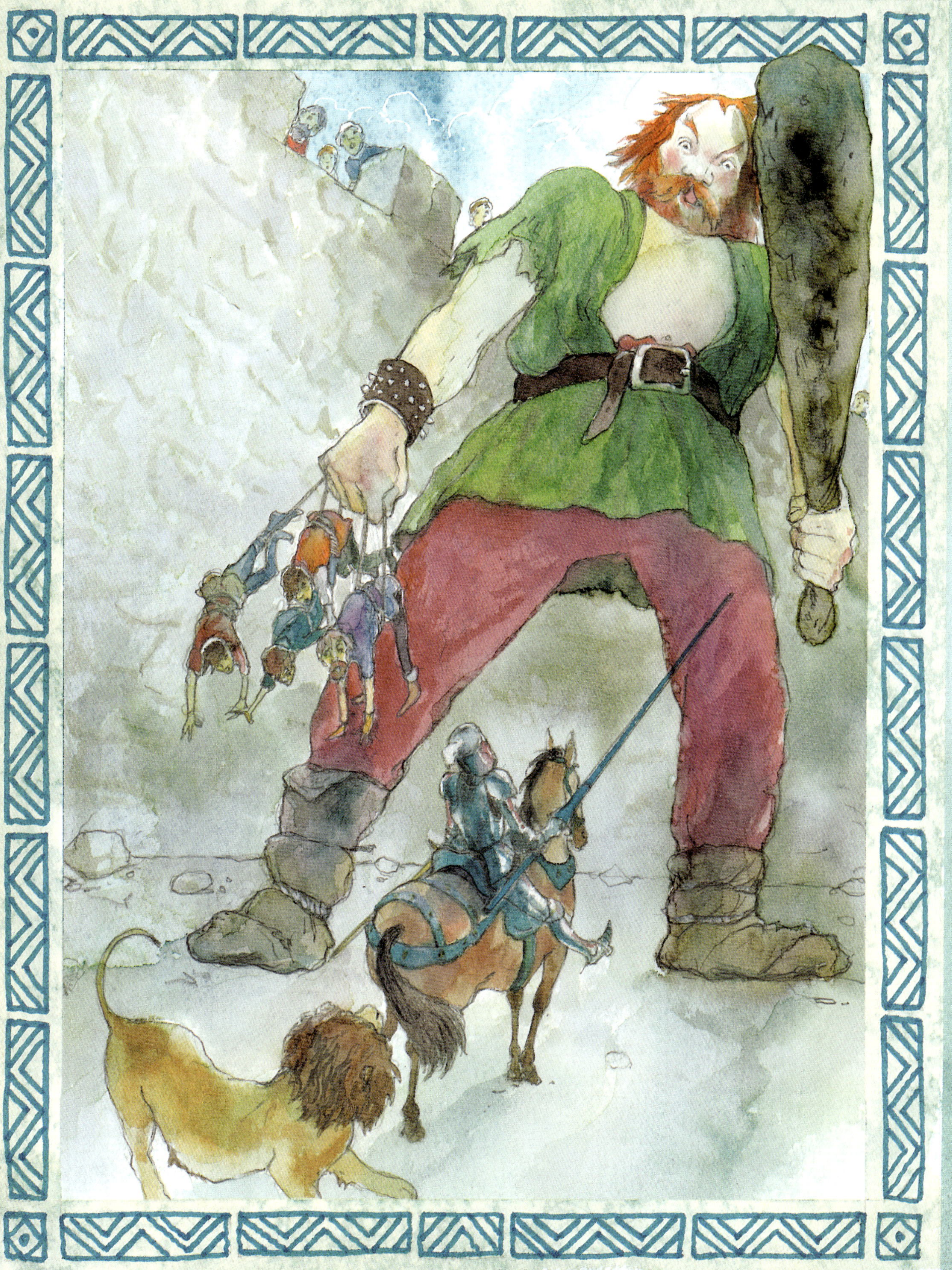

Alors que l'ombre du géant recouvrait le chevalier sans défense, une boule de fourrure fauve sauta sur le monstre. D'un bond incroyable, le lion atterrit sur le dos du géant, lui enfonça ses griffes dans les épaules et lui mordit le cou.

Hurlant de douleur, le géant lâcha son gourdin et tenta désespérément de se débarrasser du lion en se tortillant dans tous les sens, mais la courageuse bête tint bon en grondant férocement.

Owen se releva péniblement, puis sortit son épée et la lança de toutes ses forces. La lame siffla dans l'air et vint s'enfoncer dans le ventre du géant.

Ce dernier tituba, serrant son abdomen à deux mains. Puis, avec un grognement terrible, il s'abattit sur le sol, Owen s'écartant juste à temps pour l'éviter. La terre trembla sur plusieurs kilomètres, comme si une montagne s'était effondrée.

Un silence de stupéfaction s'ensuivit tandis que la poussière retombait sur la scène, puis un immense cri de joie s'éleva depuis les remparts. La sentinelle ouvrit bien vite les portes de la ville, l'air radieux, et une foule enthousiaste se précipita vers le jeune homme.

Le lion vint s'asseoir doucement près d'Owen. « Merci de m'avoir sauvé la vie, dit le chevalier affectueusement en passant un bras autour du cou de l'animal. Qu'aurais-je fait sans toi et ta précieuses aide ? »

# La première quête de Guillaume

« Avez-vous déjà entendu parler d'une source magique qui serait cachée au fin fond de la Forêt enchevêtrée ? demanda un soir Guillaume aux autres chevaliers alors qu'ils s'installaient autour du feu.

— Oui, répondit l'un. J'ai entendu dire que son eau bout, même si elle est froide comme le marbre.

— Et près de cette source se trouve un arbre qui ne perd jamais ses feuilles, quelle que soit la saison, ajouta un autre. Au pied de cet arbre, il y a une pierre précieuse. Si on l'arrose de l'eau de la source, quelque chose d'incroyable doit se produire.

— Eh bien, je vais aller chercher cette source, annonça fièrement Guillaume. Ce sera ma première quête. »

Keu, le chevalier le plus âgé, ricana. « Cela m'étonnerait que tu la trouves, remarqua-t-il avec mépris, et même si tu la trouves, je parie qu'elle est gardée par un puissant chevalier qui te renverra chez toi en larmes.

— Je voudrais bien voir cette source, dit le roi Arthur en s'approchant. Pourquoi n'irions-nous pas tous la chercher ? »

Un murmure d'approbation parcourut l'assemblée.

« Si jamais il faut se battre, dit Keu, laissez-moi faire. »

Plus tard, lorsque tout le monde fut endormi, Guillaume sortit en douce du château. « C'était mon idée d'aller chercher cette source, murmura-t-il en sellant son cheval, et je la trouverai moi-même. Je leur montrerai que je suis capable de me battre tout seul. » Et il s'enfonça au galop dans la nuit.

Guillaume atteignit l'orée de la Forêt enchevêtrée alors que la pâle lueur de l'aube apparaissait à l'horizon. « Hum... cette forêt porte bien son nom », songea-t-il en sondant l'obscurité. Il ne voyait devant lui que des branches entrelacées.

Il sortit son épée et commença à se frayer un chemin. Il progressait lentement, et plus il coupait de branchages, plus ils semblaient enchevêtrés. On aurait dit que les arbres eux-mêmes tentaient de l'empêcher d'atteindre la source. Guillaume s'acharna, centimètre par centimètre, jusqu'à ce qu'il débouche dans une clairière.

Le soleil brillait déjà dans le ciel d'un bleu pur. On n'entendait que le doux clapotis de l'eau. Sous un pin majestueux se trouvait une source scintillante. Guillaume mit pied à terre et trempa prudemment la main dans l'eau. Bien que froide comme le marbre, elle semblait bouillonner. « Je l'ai trouvée », murmura-t-il fièrement.

Une petite timbale était suspendue à une branche du pin, et nichée parmi les racines tordues de l'arbre, se trouvait une grosse émeraude verte.

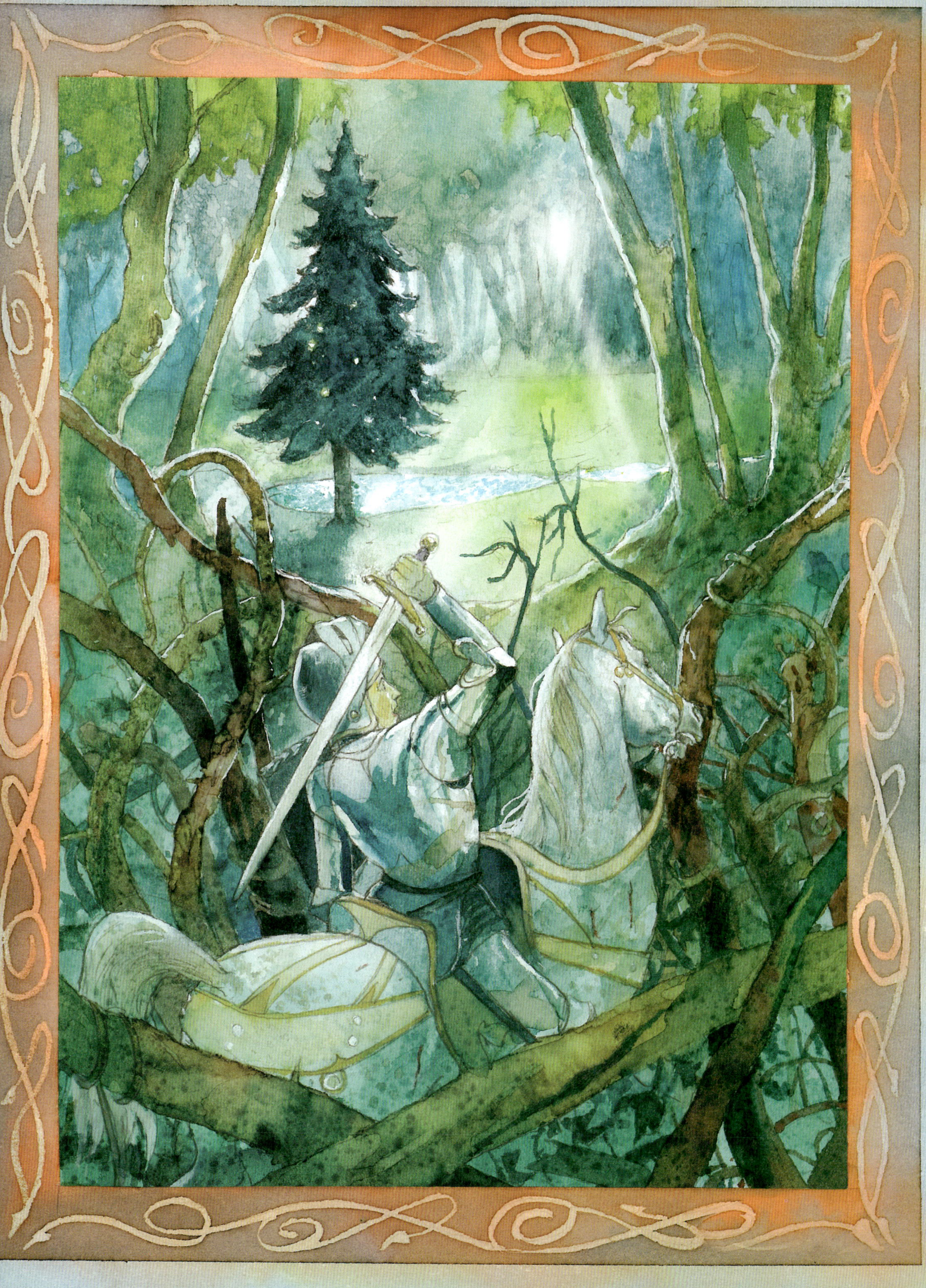

Guillaume remplit la timbale avec l'eau de la source, qu'il but avidement. Elle était délicieusement sucrée et fraîche.

« C'est le moment de vérité », dit-il en versant doucement les dernières gouttes d'eau sur l'émeraude étincelante.

Un éclair assourdissant déchira le ciel, qui devint noir. Puis une bourrasque, surgie de nulle part, envoya presque Guillaume voler dans les airs. Elle tourbillonna, arrachant des mottes de terre et hurlant entre les arbres.

Guillaume s'accrocha de toutes ses forces au tronc du pin, qui fut secoué et subit les violents assauts du vent. Mais l'arbre tint bon.

Un éclair frappa soudain un arbre à l'autre bout de la clairière, coupant le tronc en deux.

Un autre éclair s'abattit, puis un autre, et encore un autre, jusqu'à ce que tous les arbres, sauf le pin, soient réduits en échardes.

Des flocons de neige se mirent à tourbillonner. Quelques instants après, la pluie et la grêle s'abattirent. On aurait dit que le ciel s'était déchiré et déversait toute sa colère d'un seul coup.

Puis, aussi soudainement qu'elle avait commencé, la tempête s'arrêta. Tout devint calme. Le ciel était dégagé et le soleil brillait aussi fort que jamais.

Guillaume reprenait son souffle lorsqu'il entendit le bruit d'un cheval au galop. Un chevalier surgit dans la clairière.

Guillaume grimpa avec difficulté sur sa monture. Tandis qu'il cherchait les rênes, le chevalier abaissa sa lance et fonça droit sur lui. La lance heurta le bouclier de Guillaume, qui faillit être désarçonné.

Le chevalier fit demi-tour et chargea de nouveau. Cette fois, Guillaume était prêt. Il lança son cheval au galop. Alors qu'ils fonçaient l'un vers l'autre, Guillaume percuta le bouclier de son adversaire avec une telle force que sa lance se brisa. Le chevalier tomba de sa monture, mais il se releva indemne et sortit son épée.

Guillaume sauta au sol et fit de même, prêt à contrer l'attaque de son adversaire.

Tandis qu'ils se battaient, le chevalier éloignait Guillaume de la source. Bientôt, le jeune homme se trouva à l'orée de la clairière, se défendant désespérément avec son épée.

« Je ne peux pas rater ma première quête », pensa-t-il. Il serra les dents et balança son épée de toutes ses forces. Celle-ci heurta le heaume du chevalier avec un bruit sourd, le faisant trébucher. À la surprise de Guillaume, le chevalier sauta sur sa monture et s'enfuit.

« Attends ! cria Guillaume. Je veux savoir à qui appartient cette source. » Mais le chevalier ne s'arrêta pas. Il sauta à toute allure par-dessus les arbres abattus par les éclairs. Guillaume se lança à ses trousses. Ils traversèrent la forêt au galop.

À l'orée de la forêt se trouvait un château doré. Le chevalier traversa le pont-levis et disparut.

Guillaume, maintenant au trot, se demanda s'il oserait le suivre. Soudain, il entendit le cri angoissé d'une femme. « Vite ! Allez chercher des bandages. » Il entendit d'autres voix s'interpeller et des gens s'agiter dans le château. Puis soudain, tout fut calme.

Un cri déchirant brisa le silence. « Il est mort ! Mon meilleur chevalier est mort. » Quelque part dans le château, une femme pleurait : « Qui veillera sur ma source magique désormais ? »

Guillaume était horrifié. « Qu'ai-je fait ? se demanda-t-il. J'étais tellement obsédé par l'idée de trouver la source que je n'ai pas réfléchi aux conséquences. J'ai tué un chevalier et une femme pleure parce qu'elle a le cœur brisé. »

À cet instant, il entendit des pas. Paniqué, il s'accroupit derrière un arbre abattu. Un groupe de serviteurs apparut peu après, transportant le corps du chevalier.

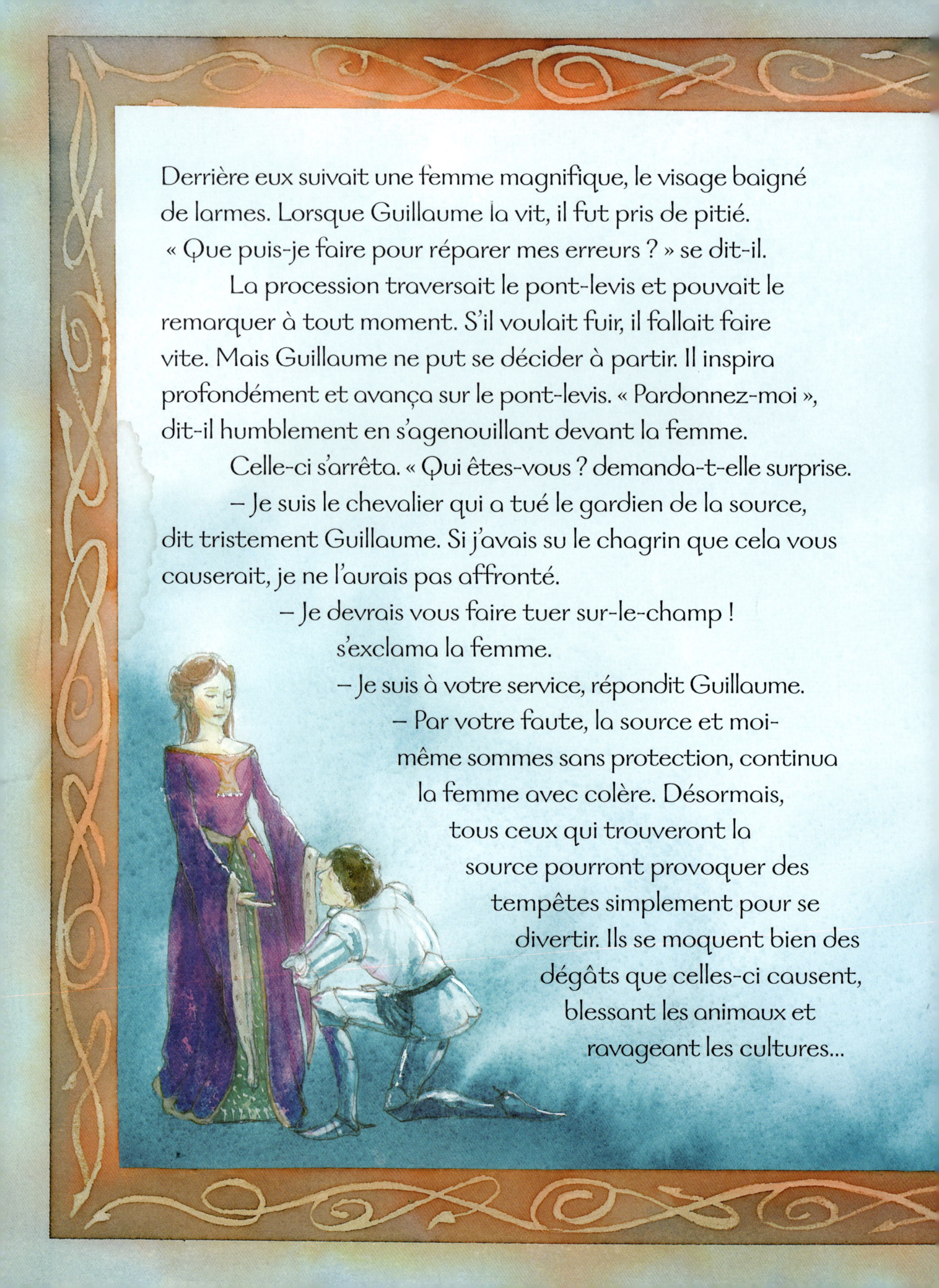

Derrière eux suivait une femme magnifique, le visage baigné de larmes. Lorsque Guillaume la vit, il fut pris de pitié. « Que puis-je faire pour réparer mes erreurs ? » se dit-il.

La procession traversait le pont-levis et pouvait le remarquer à tout moment. S'il voulait fuir, il fallait faire vite. Mais Guillaume ne put se décider à partir. Il inspira profondément et avança sur le pont-levis. « Pardonnez-moi », dit-il humblement en s'agenouillant devant la femme.

Celle-ci s'arrêta. « Qui êtes-vous ? demanda-t-elle surprise.

— Je suis le chevalier qui a tué le gardien de la source, dit tristement Guillaume. Si j'avais su le chagrin que cela vous causerait, je ne l'aurais pas affronté.

— Je devrais vous faire tuer sur-le-champ ! s'exclama la femme.

— Je suis à votre service, répondit Guillaume.

— Par votre faute, la source et moi-même sommes sans protection, continua la femme avec colère. Désormais, tous ceux qui trouveront la source pourront provoquer des tempêtes simplement pour se divertir. Ils se moquent bien des dégâts que celles-ci causent, blessant les animaux et ravageant les cultures…

— Je voudrais racheter ma faute, dit Guillaume. Si vous le voulez bien, c'est moi qui défendrai la source désormais. »

La femme hésita en regardant le visage du jeune Guillaume.

« Vous êtes assez courageux pour admettre votre erreur et assumer les conséquences de vos actes, dit-elle plus doucement. Vous feriez peut-être un bon gardien pour la source... »

À ce moment-là, un coup de tonnerre menaçant résonna et un éclair brillant déchira le ciel. Une puissante bourrasque s'éleva, arrachant les feuilles des arbres et envoyant les branches voler haut dans les airs. « C'est maintenant l'occasion de prouver votre courage, dit précipitamment la femme. Quelqu'un a déclenché une autre tempête. »

Guillaume bondit sur son cheval et s'éloigna au galop. Lorsqu'il arriva à la source, le roi Arthur et un groupe de chevaliers l'entouraient. Ils étaient si absorbés par ce qu'ils voyaient qu'ils ne remarquèrent pas sa présence.

Keu se tenait le plus près de la source, la timbale à la main. « Si Guillaume avait vu cette tempête, dit-il d'un ton suffisant, je parie qu'il se serait enfui. Et si nous recommencions ?

— Non ! cria Guillaume, qui abaissa sa visière et chargea.

— Attention ! » cria le roi Arthur.

Keu bondit sur son cheval et fonça au galop. Mais avant qu'il comprenne ce qui se passait, Guillaume l'avait désarçonné.

Keu se releva, surpris. « Qui que soit ce chevalier, il ne manque pas de force, admit-il. Es-tu aussi doué avec une épée qu'avec une lance ? » demanda-t-il en se tournant vers Guillaume.

Sans un mot, Guillaume bondit à terre et tous deux se battirent jusqu'à ce que Keu commence à faiblir. Il perdit l'équilibre et, profitant de l'occasion, Guillaume fondit sur lui. Il le désarma et le coinça contre le tronc du pin.

« Pitié », haleta Keu.
Guillaume le relâcha, puis, avec un sourire, retira son heaume.

« Bonjour, Keu », dit-il.
Les yeux du chevalier faillirent lui sortir de la tête. « C'est toi ! » s'exclama-t-il. Puis il rougit de honte. « Je crois que je m'étais trompé, Guillaume, avoua-t-il timidement. Tu es devenu un excellent chevalier finalement. »

Le roi Arthur s'avança. « Je n'en ai jamais douté, dit-il en posant sa main sur l'épaule de Guillaume. Mais tu as dépassé mes espérances, jeune Guillaume. Je suis fier que tu sois un de mes chevaliers. »

# Le jardin de l'été éternel

Par un soir d'hiver glacial, un courageux chevalier du nom d'Érec et sa femme Énide se promenaient à cheval lorsqu'ils aperçurent une ville fortifiée perchée au sommet d'une colline.

« C'est Brandigan, dit Érec. Il paraît que le jardin de ce château est magique.

— Voilà qui est intéressant, dit Énide. Allons voir ça. »
Ils grimpèrent la colline et passèrent les portes de la ville. Brandigan était une jolie petite cité. Ses toits étaient recouverts de neige et une douce lumière accueillante éclairait chaque fenêtre.

Érec et Énide parcoururent les rues sinueuses et atteignirent le château au centre de la ville. Alors qu'ils se dirigeaient vers celui-ci, le roi en personne sortit pour les accueillir. « Bienvenue, leur dit-il. Cela fait si longtemps que je n'ai pas eu de visiteurs. Restez donc pour la nuit !

— C'est très aimable à vous. Merci », répondit Érec. Énide acquiesça.

« Qu'est-ce qui vous amène ? demanda le roi en les invitant à entrer.

— Nous avons entendu parler de votre jardin magique, dit Énide avec enthousiasme. Peut-on le voir ?

— Mais bien sûr ! » dit le roi. Il avait répondu avec douceur, mais ses yeux s'étaient emplis de mélancolie.

« Vous avez l'air triste, remarqua Énide. Qu'y a-t-il ? »

Le roi soupira. Il les mena dans la grande salle et les pria de s'asseoir. « Il y a de cela douze longues années, commença-t-il, mon neveu et sa bien-aimée se sont aventurés dans le jardin et je ne les ai jamais revus. Ils me manquent beaucoup. Depuis ce jour d'été, le jardin n'a pas changé. C'est comme si le temps s'était arrêté.

— Personne n'a tenté de les retrouver ? demanda Érec.

— Si, répondit le roi. Mais ce n'est pas si facile. Nous nous y rendrons demain, et vous comprendrez. »

Le lendemain matin, après avoir déjeuné, le roi emmena Érec et Énide dans le jardin magique. Il avait beaucoup neigé pendant la nuit, et l'air était vif et glacial. Leurs chevaux avancèrent difficilement dans la neige profonde jusqu'à ce qu'ils atteignent une voûte de roses parfumées. « Nous y sommes », annonça enfin le roi.

En le suivant sous la voûte, Érec et Énide écarquillèrent les yeux d'étonnement. À l'intérieur du jardin, on aurait dit que l'hiver n'avait jamais existé. La lumière était chaude et dorée. Partout, des fleurs magnifiques resplendissaient, chaque branche ployait sous des fruits mûrs et l'air était empli du doux chant des oiseaux.

Le roi cueillit une pêche et la tendit à Énide. « Tenez, goûtez ce fruit », lui dit-il.

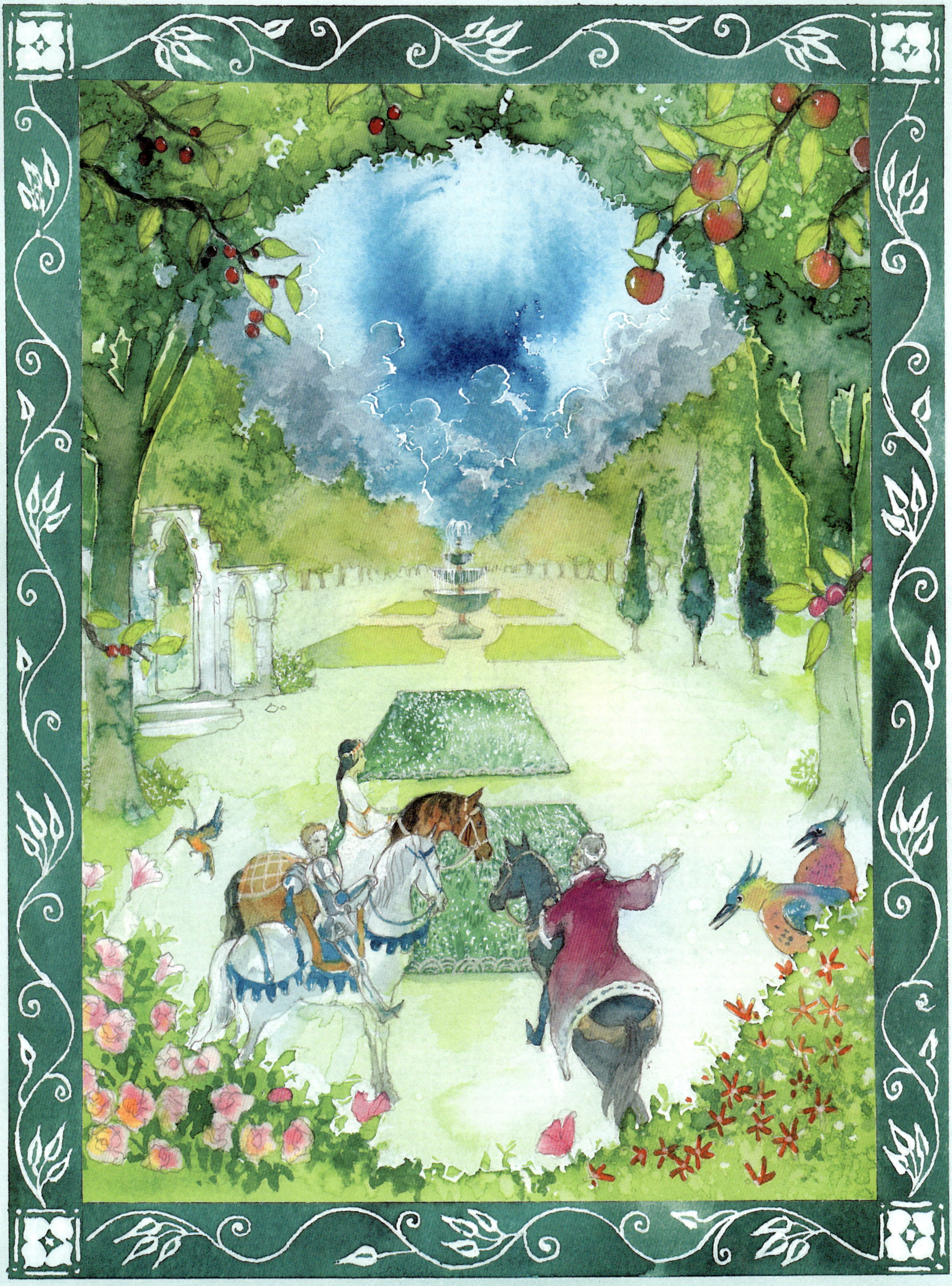

Énide mordit dans le fruit doré et ferma les yeux. « Délicieux, murmura-t-elle d'un air béat.

— Vous pourrez profiter de tout ce que le jardin peut offrir tant que vous serez ici, dit le roi. Mais tout ce que vous emporterez, même la plus petite des fleurs, se fanera et se transformera en poussière une fois dehors. Le jardin semble protégé par la magie. Quelles que soient les saisons qui passent, ici, l'été est éternel. »

Émerveillés, Érec et Énide regardèrent autour d'eux. Puis Érec toussota, hésitant. « Et... votre neveu ? » demanda-t-il d'une voix douce.

Les yeux du roi s'emplirent de tristesse. « Venez, dit-il. Je vais vous montrer. » Ils le suivirent parmi les parterres de fleurs et les fontaines jusqu'à un bosquet.

Énide frissonna d'horreur. Devant eux se dressaient douze piques. Toutes étaient coiffées d'un crâne humain, excepté la douzième, qui était ornée d'une corne dorée suspendue à un ruban.

« Ces crânes, commença le roi d'un air sombre, sont ceux des chevaliers qui se sont aventurés au-delà de ces arbres pour trouver mon neveu.

— Et la dernière pique ? demanda Érec.

— Elle est destinée au crâne du prochain chevalier qui tentera sa chance et échouera, répondit le roi.

— Nous verrons bien, déclara Érec. Je vais tenter de trouver votre neveu.

— Vous en êtes sûr ? » demanda le roi. Il lui suffit de regarder le visage d'Érec pour connaître la réponse. « Alors, je vous souhaite de réussir, dit-il avec gratitude. Nous vous attendrons au château. »

Érec se tourna vers Énide, dont le visage était livide, et il prit ses mains dans les siennes. « Ne t'inquiète pas, dit-il. Je n'échouerai pas. Je reviendrai dès que j'aurai terminé cette quête. »

Énide sourit courageusement. « Je n'en doute pas, répondit-elle. Bonne chance. »

Érec dépassa les piques et traversa le bosquet. Des rais de lumière filtraient à travers les feuilles et des papillons virevoltaient dans l'air. Derrière les arbres, il déboucha sur une prairie. Assise sur l'herbe se trouvait une magnifique jeune femme aux longs cheveux roux et aux yeux bleus comme un ciel d'été.

« Bonjour », lui dit Érec.

La jeune fille le regarda en fronçant les sourcils.

Avant qu'Érec puisse lui demander ce qu'elle avait, un chevalier vêtu de rouge vermeil arriva au galop. « Quel idiot vous êtes de nous déranger ! cria-t-il. Vous allez mourir, comme les autres. » Il baissa sa lance et chargea.

Érec lança son cheval au galop et les deux chevaliers foncèrent l'un vers l'autre. La lance d'Érec frappa le coin du bouclier de son adversaire et fut déviée sans dommage.

Ils firent demi-tour et revinrent à la charge. Cette fois, la lance du Chevalier Vermeil frappa violemment le bouclier d'Érec. Sa lance se brisa sous le choc, mais Érec ne tomba pas de cheval. Le Chevalier Vermeil jeta le reste de sa lance.

« Si je ne peux pas vous vaincre à cheval, dit-il

d'un ton surpris, alors je vous combattrai à terre. » Il descendit de sa monture et dégaina son épée. Érec bondit également à terre et fit de même.

Le Chevalier Vermeil était une fine lame, mais Érec était aussi doué que lui. Les deux chevaliers s'affrontèrent sans relâche pendant des heures, jusqu'à être trop épuisés pour tenir sur leurs jambes.

Le Chevalier Vermeil fut le premier à tomber. Érec lui asséna un coup violent, puis il tomba à genoux. Appuyé sur son épée, il était incapable de se relever. « Je suis trop fatigué pour me battre plus longtemps », haleta-t-il.

« Ne lui faites pas de mal ! cria la jeune fille en se précipitant vers lui.

— Mais je ne veux blesser personne, dit Érec. Je veux simplement savoir ce qui se passe ici. Admettez votre défaite et le combat sera fini.

— D'accord, vous avez gagné, répondit le Chevalier Vermeil. Vous êtes un bon guerrier. Personne ne m'avait encore jamais battu. »

Érec se laissa tomber sur l'herbe et retira son heaume. « Merci, dit-il. Maintenant, racontez-moi votre histoire. »

Le chevalier acquiesça. « Il y a douze ans, je suis venu vivre dans ce jardin avec ma bien-aimée, commença-t-il. Avant cela, nous habitions le château de mon oncle. Nous avions plein d'amis et une vie très remplie. Nous étions heureux et très amoureux. Et puis, un jour, ma bien-aimée m'a demandé de lui faire une promesse. » Il regarda tendrement la jeune femme. « Je ferais tout pour elle, continua-t-il. Alors, j'ai accepté.

— Qu'avez-vous demandé ? demanda Érec à la jeune fille.

— De venir vivre avec moi ici. J'avais jeté un sort au jardin pour que rien n'y change jamais. Comme ça, notre amour ne pourrait jamais se flétrir ni mourir. Mais nous ne pouvions pas partir, expliqua la jeune fille. Le sort ne serait brisé que lorsqu'un autre chevalier vaincrait mon bien-aimé. »

Érec contempla le jardin d'un air admiratif. « C'est en effet un endroit magnifique, dit-il.

— C'est vrai, admit le Chevalier Vermeil, mais imaginez ne

jamais pouvoir revoir votre famille ou vos amis, ne plus jamais partir à l'aventure ni explorer de nouveaux lieux, ne plus jamais voir le soleil se coucher ni les feuilles jaunir à la fin de l'été... L'amour est une chose précieuse, mais il ne peut être enfermé. »

Il serra la jeune femme dans ses bras. « Le monde réel nous a rattrapés », dit-il doucement.

La jeune fille se couvrit le visage de ses mains et pleura toutes les larmes de son corps. « Maintenant, tout va changer et notre amour va mourir », sanglota-t-elle.

Le Chevalier Vermeil lui souleva doucement le menton et la regarda dans les yeux. « Même si les choses changent, mon amour pour toi ne mourra jamais, lui dit-il. Ne l'as-tu pas encore compris ? »

La jeune fille le regarda un instant, puis sourit. Elle se tourna vers Érec. « Sonnez la corne, dit-elle. Cela rompra le sort qui nous retient ici. »

Érec traversa le bosquet, prit la corne dorée et souffla dedans. Un son pur et clair se fit entendre et la chaude lumière se mit à faiblir. Des flocons de neige venant du monde extérieur se mirent à flotter dans le jardin, puis tombèrent sur l'herbe, parmi les fleurs d'été.

Tandis que la magie s'évaporait, le jardin se mit à changer, comme s'il tentait de rattraper l'hiver. Devant les yeux d'Érec, les fruits tombèrent des arbres, les feuilles devinrent jaunes et rouges et s'amoncelèrent sur le sol, les oiseaux s'envolèrent et l'eau de la fontaine se transforma en glaçons étincelants.

Le chevalier et sa bien-aimée coururent parmi les arbres, les cheveux brillants de flocons de neige. Ils s'arrêtèrent devant la rangée de piques, que la jeune femme toucha un par un. À la stupéfaction d'Érec, les piques s'effondrèrent et disparurent. À leur place apparurent onze chevaliers, tous bien vivants, frottant leurs yeux ensommeillés.

À cet instant, un cri de joie se fit entendre. C'était Énide. Elle traversa le jardin en courant et se jeta au cou de son mari. « J'ai entendu la corne, s'exclama-t-elle. Tu as réussi, Érec ! Je suis fière de toi. »

Érec la serra dans ses bras, puis il se tourna vers la jeune femme rousse. « L'amour ne meurt pas lorsqu'on le libère, dit-il doucement. Au contraire, il devient plus fort.

– Oui, répondit la jeune fille. Je comprends maintenant. »

Toute trace de l'été enchanté avait alors disparu, laissant s'installer le froid de l'hiver. Toutefois, en quittant le jardin, la jeune fille rousse fut époustouflée par la beauté magique de ce qu'elle voyait, le tout recouvert d'une délicate couche de neige blanche.

# Le chevalier et la courageuse princesse

Dans tout le royaume et bien au-delà, on ne trouvait meilleur chevalier que Lancelot. Les chevaliers du roi Arthur étaient réputés pour leur noblesse et leur courage, mais de tous, Lancelot était le plus brillant. Dès qu'il y avait une damoiselle à sauver ou un tyran à vaincre, c'était à lui que l'on s'adressait en premier.

Un printemps, le roi de Bade invita Lancelot et de nombreux autres chevaliers à un tournoi de joutes. On installa des pavillons rayés dans la prairie près de son château, on prépara un délicieux repas et la foule se rassembla pour profiter du spectacle.

Lancelot, plein de vigueur, gagna tous les combats auxquels il participa. « Tu pourrais apprendre des choses en regardant ce chevalier, dit le roi à son fils, Maurice. Il est vraiment formidable. »

Le prince Maurice ne répondit pas, mais observa Lancelot le reste de l'après-midi, malade de jalousie.

À la fin du tournoi, Lancelot avait vaincu trente-six chevaliers d'affilée. La fille du roi, Hélène, lui offrit le premier prix. « Félicitations, Lancelot, dit-elle. Ce fut un plaisir de vous regarder combattre. »

Maurice se faufila jusqu'à eux. « Tout le monde vous prend pour un excellent chevalier, Lancelot, dit-il d'un air narquois. Vous êtes assez doué, c'est vrai. Mais jamais vous ne pourriez vaincre quelqu'un comme moi.

— Pourquoi ne pas vérifier ? répondit Lancelot aimablement. Le soleil ne se couche pas avant plusieurs heures. »

Le prince secoua la tête. « Vous devez être fatigué, dit-il d'un air innocent. Je ne voudrais pas vous épuiser.

— Dis plutôt que tu ne voudrais pas perdre, murmura Hélène dans un souffle, car elle connaissait bien son frère.

— Alors, décidons d'une date dans quelques semaines, quand nous serons bien reposés, dit Lancelot. Je suis partant si vous l'êtes. »

Une lueur de malice éclaira le regard du prince. « Quelle bonne idée, dit-il. Disons, le jour de la Saint-Jean à la cour du roi Arthur. Invitez beaucoup de monde, et surtout vos plus grands admirateurs. » Puis il traversa le champ à grandes enjambées.

Le lendemain, alors que Lancelot s'apprêtait à rentrer chez lui, une servante se précipita vers lui. « Ma maîtresse a été enlevée par un puissant chevalier, lui dit-elle. Vous seul pouvez la sauver.

— Je ferai de mon mieux », promit Lancelot, et il partit avec la servante pour voir ce qu'il pouvait faire.

Les semaines s'écoulèrent, mais Lancelot ne revint pas. « Il ne part jamais si longtemps... dit le roi Arthur, inquiet.

— Il a dû se lancer dans une aventure, le rassura Gauvain, le meilleur ami de Lancelot. Il reviendra à temps pour combattre le prince Maurice. »

La nouvelle du combat s'étant répandue, une joyeuse foule se rassembla autour du champ de joute le jour de la Saint-Jean pour voir la bataille. Toutefois, Lancelot restait introuvable.

Le prince Maurice entra dans le champ portant une armure si brillante qu'elle semblait neuve. « Lancelot est-il prêt pour notre petit combat ? demanda-t-il.

– Lancelot a disparu, répondit Gauvain d'un air abattu. Il n'est jamais revenu du tournoi de printemps de votre père.

– C'est ce jour-là que je l'ai défié. Il a dû prendre peur et s'enfuir, s'exclama le prince. Quel lâche ! »

En entendant son ami se faire insulter, Gauvain devint rouge de colère. « Lancelot n'est pas un lâche, rétorqua-t-il.

– Alors, qu'il le prouve ! lança le prince d'un ton narquois. Je lui laisse jusqu'à la prochaine Saint-Jean pour trouver du courage. S'il ne se montre pas à ce moment-là, tout le monde saura qu'il a peur de moi. »

Il galopa jusqu'au château de son père et fit irruption dans la grande salle, où le roi était entouré de sa cour. « Lancelot est un lâche, annonça-t-il d'un air triomphant à toute l'assemblée. Il s'est enfui. »

Le roi fronça les sourcils. « Tu n'es qu'un imbécile, lui dit-il. Il est impossible qu'un chevalier aussi courageux que Lancelot se soit enfui. Il doit être occupé à venir en aide à quelqu'un, ou peut-être a-t-il des ennuis. »

Le prince rougit et quitta la grande salle rageusement.

La princesse Hélène, qui se trouvait près de son père, avait assisté à la scène. La réaction de son frère la déconcertait. « Je suis sûre que Maurice a quelque chose à voir avec la disparition de Lancelot, pensa-t-elle. J'espère qu'il n'a rien fait de mal. » Elle enfila sa cape, sella son cheval et partit à la recherche de Lancelot.

Hélène fouilla chaque recoin du royaume de son père. Elle parcourut des montagnes et des vallées, des plaines et des forêts, demandant à tous ceux qu'elle croisait s'ils avaient vu le chevalier. Lancelot était introuvable, mais la princesse se jura de ne pas abandonner les recherches avant de l'avoir trouvé.

Par une matinée maussade, elle avançait le long d'une côte isolée lorsqu'elle aperçut une grande tour noire perchée sur une falaise. C'était une tour très étrange : elle n'avait ni porte, ni entrée d'aucune sorte. Tout en haut, près du sommet, la princesse pouvait tout juste distinguer une minuscule fenêtre.

Elle mit pied à terre et appela : « Il y a quelqu'un là-haut ? » Elle tendit l'oreille, mais personne ne répondit. Elle mit ses mains en porte-voix et cria plus fort : « Lancelot ! Vous êtes là ? »

Cette fois, une voix très faible lui répondit. « Oui, entendit-elle. Le prince Maurice m'a fait croire qu'une femme était prisonnière dans cette tour, mais lorsque je suis monté pour la sauver, il m'a enfermé et m'a abandonné ici.

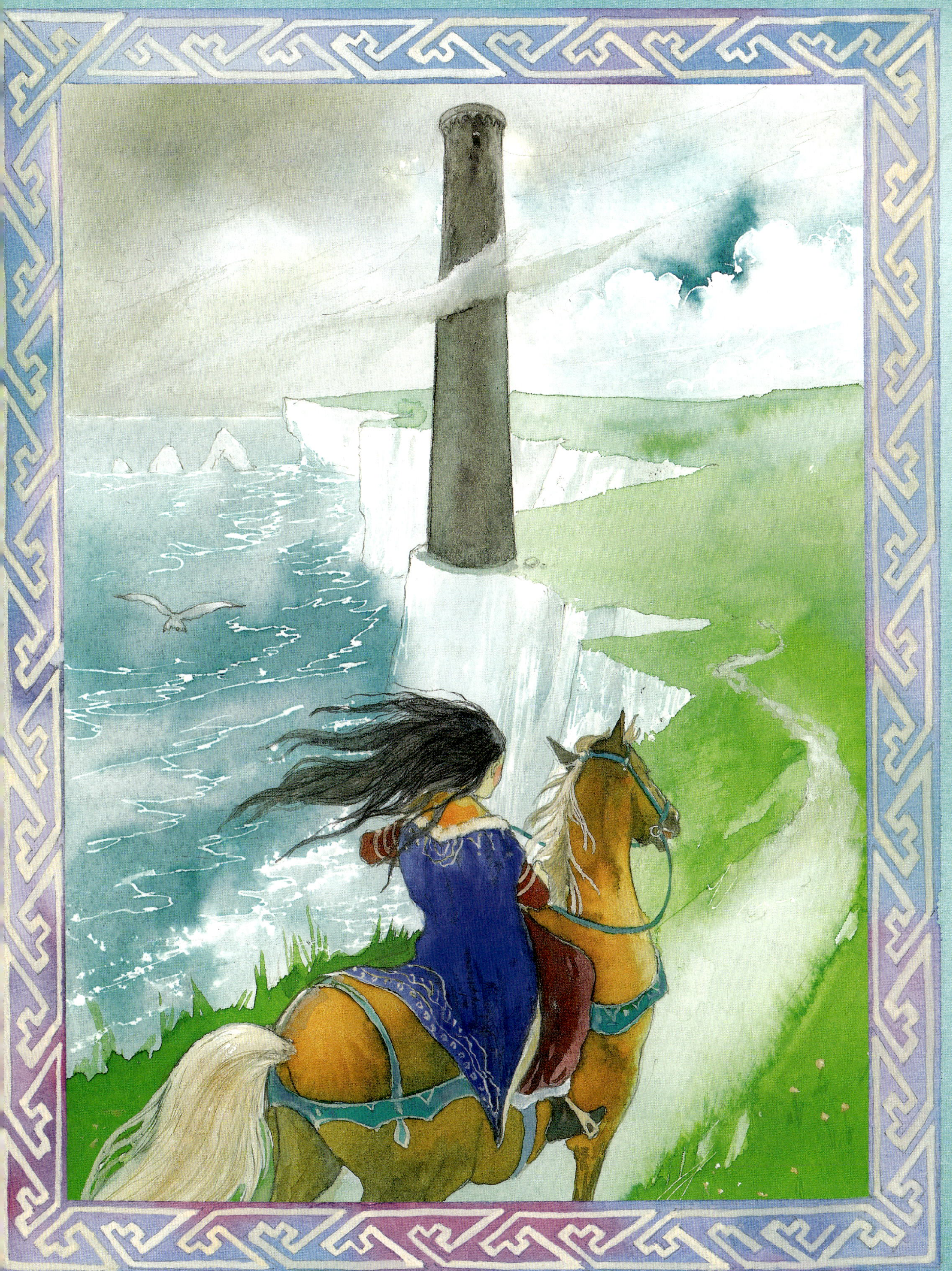

— Tenez bon, cria la princesse. Je vais vous sauver. » Elle regarda la tour et réfléchit un moment. « Je reviens bientôt », lui dit-elle avant de repartir à cheval.

Une heure plus tard, elle était de retour avec un arc et une flèche, une corde et une hache. Elle attacha la corde au bout de la flèche. « Écartez-vous de la fenêtre », cria-t-elle à Lancelot, puis elle visa et tira. La flèche traversa les airs et passa par la minuscule fenêtre.

« Attachez la corde à quelque chose », cria Hélène. Elle attendit que Lancelot s'exécute, puis tira sur la corde pour s'assurer qu'elle était bien accrochée. Elle attacha l'autre extrémité autour de sa taille, glissa la hache à sa ceinture et se mit à escalader la paroi.

L'ascension était terrifiante. Le vent hurlait autour de la tour, menaçant de faire tomber la jeune femme. Ses bras et ses jambes la faisaient souffrir et ses doigts saignaient à force de s'accrocher aux pierres.

Enfin, la princesse atteignit la petite fenêtre. Elle regarda à l'intérieur. Ses yeux s'emplirent de larmes lorsqu'elle vit Lancelot, qui lui souriait. Il était si maigre qu'on aurait dit un squelette.

Elle s'attaqua à la pierre avec sa hache. C'était une tâche difficile, mais au bout de deux heures, l'ouverture fut assez grande pour laisser passer Lancelot. Ils descendirent ensemble vers le sol.

La princesse amena Lancelot à l'un des châteaux de son père afin qu'il se repose. Elle ne dit rien à personne et le soigna en secret. Peu à peu, le chevalier reprit des forces.

Pendant ce temps, la vie continuait à la cour du roi Arthur, mais la joie avait quitté le cœur des gens, qui attendaient dans l'angoisse des nouvelles de Lancelot, redoutant sans cesse d'apprendre sa mort.

Le jour de la Saint-Jean arriva et une foule déprimée se rassembla sur le lieu de la joute pour voir ce qui allait se passer. Le prince Maurice arriva, bombant le torse et arborant un sourire méprisant. « Le lâche se cache-t-il toujours ? » demanda-t-il en entrant dans le champ au galop.

Gauvain l'attendait. « Cessez vos insultes ! dit-il fermement. Lancelot n'est pas là, mais je me battrai à sa place. »

À cet instant, un chevalier entra au galop dans le champ, accompagné d'une jeune fille. « Merci Gauvain, mon fidèle ami, mais je ferais mieux de me battre moi-même, dit-il en ôtant son heaume.

– Lancelot ! s'écria joyeusement Gauvain. Tu es vivant ! » La foule l'acclama.

Le sourire prétentieux du prince se figea. « Co... Comment vous êtes-vous échappé ? » bredouilla-t-il, sous le choc. Il fronça les sourcils en apercevant sa sœur. « Sale traîtresse ! lui siffla-t-il.

— C'est toi, le traître ! répondit Hélène. Tu as trahi ton propre royaume. J'ai honte que tu sois mon frère. Tu vas combattre Lancelot, maintenant, et nous pourrons enfin tourner la page. »

Maurice pâlit. « D'accord », dit-il faiblement.

Les deux hommes se mirent en position et la foule se tut. Gauvain fit sonner la trompette, et Lancelot et le prince galopèrent l'un vers l'autre.

Le prince Maurice n'avait jamais été très doué pour le combat. Lorsqu'il visa, sa lance trembla et il oublia de brandir son bouclier. D'un seul coup de lance, Lancelot le fit tomber de sa selle.

« Voilà, dit Lancelot. C'est réglé.

— Oh que non ! cria Maurice, le visage rouge de colère et de honte. Tu manies peut-être mieux la lance que moi, mais je pourrais te tuer d'un seul coup d'épée. »

Lancelot lui jeta un regard glacial. « Voyons cela », dit-il. Il descendit de cheval et dégaina son épée. « Prêt ? » demanda-t-il. Le prince acquiesça et Lancelot se jeta sur lui.

Mais Maurice était un aussi piètre combattant à l'épée. Il se défendit maladroitement et trébucha. Lancelot attendit qu'il retrouve l'équilibre et lui permit de frapper à son tour.

Maurice visa la tête de Lancelot de son épée. Lancelot l'évita aisément et frappa la poitrine du prince. Puis, d'un coup habile, il envoya valser l'épée et le bouclier de Maurice, le laissant complètement vulnérable.

Sans attendre son reste, le prince Maurice prit ses jambes à son cou. Il sauta sur son cheval et s'enfuit du champ au galop, loin du royaume, pour se réfugier chez lui.

Les spectateurs éclatèrent de rire en voyant le prince disparaître au loin. Maurice n'osa plus jamais se montrer dans le royaume du roi Arthur, mais sa sœur, la princesse Hélène, fut adorée dans tout le pays.

# L'affreuse épouse de Gauvain

Le roi Arthur se promenait à cheval le matin de Noël quand il aperçut un étrange château noir qu'il n'avait jamais vu auparavant. Un homme vêtu d'une longue cape sombre se tenait sur le pont-levis. « Bonjour », lui lança Arthur, mais l'homme tourna les talons et partit en direction du château.

Le roi Arthur le suivit. Dès que son cheval eut posé le sabot sur le pont, Arthur sentit ses oreilles bourdonner et toute son énergie quitter son corps. « De quelle sorcellerie s'agit-il donc ici ? » souffla-t-il, en s'effondrant sans forces sur son cheval.

« Alors, voici le puissant roi Arthur, murmura à son oreille une voix effrayante. Eh bien, tu es à ma merci maintenant. »

Le sorcier regarda Arthur dans les yeux. « Je vais prendre ton royaume et ta vie, siffla-t-il. Qui aurait cru que ce serait si simple ?

— Espèce de lâche ! » répondit le roi d'un air de défi, bien qu'il fût presque incapable de bouger.

Un rictus tordit la bouche du sorcier.

« Oui... en fait, répondit-il, il est vrai qu'il n'y a aucune gloire à te battre si facilement. »

Ses yeux brillaient de malice. « Je te laisserai partir, dit-il, si tu me promets de revenir le Jour de l'an avec la réponse à mon énigme. Si tu te trompes, tu perdras ton royaume et la vie.

— Je t'en donne ma parole, répondit Arthur.

— Bien, dit le sorcier. Voici ma question : de toutes les richesses du monde, aux quatre coins de la planète, quelle est la chose que les femmes désirent plus que tout ? » Il rit avec mépris. « Tu ne trouveras jamais la réponse, continua-t-il. J'ai hâte de te revoir le Jour de l'an. » Il claqua des doigts et disparut d'un seul coup, ainsi que son château.

Les jours qui suivirent, le roi parcourut le royaume en quête d'une réponse. Il consulta les femmes les plus intelligentes et les servantes les plus humbles de son château. Il envoya ses chevaliers d'un bout à l'autre du pays pour demander aux femmes qu'ils rencontraient ce qu'elles souhaitaient le plus au monde.

Malheureusement, chaque femme avait une réponse différente. « De jolies robes » disaient certaines, « la beauté » répondaient d'autres, « la sagesse » ou « l'or » répondaient d'autres encore, ou « un courageux chevalier à aimer » et « un château rien qu'à elle ».

Le Jour de l'an arriva et Arthur était bien loin d'avoir trouvé la réponse à l'énigme. « Le temps presse, dit le roi, désespéré. Rien de tout cela ne peut être la chose que toutes les femmes désirent.

— Ne vous inquiétez pas, dit Gauvain, le chevalier le plus fidèle du roi. Je trouverai la réponse. » Sur ces mots, il partit à cheval pour parcourir à nouveau le royaume. Toute la journée, il demanda à toutes les filles, mères et grand-mères qu'il croisa quelle était la chose qu'elles désiraient le plus.

Petit à petit, le soleil rougeoya et disparut derrière les arbres. Gauvain s'arrêta pour se reposer, la tête pleine de toutes les réponses qu'il avait entendues : des enfants intelligents, une bonne santé, moins de lessive à faire, plus de temps libre… « Je n'ai toujours pas la bonne réponse, dit-il en secouant la tête, et il n'y a plus personne à interroger.

— Tu ne m'as rien demandé, à moi », dit une voix rauque.

Gauvain leva les yeux et faillit tomber de cheval. Assise sur une souche au bord de la route se tenait la femme la plus laide qu'il ait jamais vue. Son long nez était couvert de verrues, et sa bouche pleine de dents noires irrégulières.

Gauvain descendit de cheval. « Ma bonne dame, dit-il poliment, si vous pouvez me dire ce que les femmes désirent le plus au monde, je vous en serai éternellement reconnaissant.

– Je peux te répondre, dit la femme, et sauver ainsi le roi et le royaume des griffes de cet horrible sorcier. Mais si je t'aide, tu dois me faire une promesse.

– Laquelle ? » demanda Gauvain.

L'affreuse créature se leva avec peine et boitilla vers lui. Gauvain tâcha de rester impassible lorsque ses narines s'emplirent de la pire des puanteurs. La femme le regarda d'un air mauvais et une goutte de salive coula le long de son menton.

« Épouse-moi », répondit-elle.

Gauvain se figea d'horreur, puis il pensa au roi, qu'il aimait beaucoup, et au royaume, qu'il était censé protéger. « C'est d'accord, murmura-t-il. Je vous épouserai.

— Voilà donc l'affaire conclue ! gloussa la femme, qui murmura la réponse à son oreille.

— Merci », dit Gauvain. Il fit monter la vieille femme à cheval, passa les bras autour d'elle et galopa jusqu'au royaume.

Le lendemain, le roi Arthur retourna voir le sorcier. Le château se trouvait au même endroit que la dernière fois. « Montre-toi ! » ordonna-t-il.

Le sorcier apparut sur le pont-levis. « Tu es prêt à me donner ton royaume ? demanda-t-il d'un ton hautain.

— Non, répondit Arthur. J'ai la réponse à ton énigme. »

Le visage du sorcier s'assombrit.

« La chose que les femmes désirent le plus au monde, continua Arthur, c'est la liberté de faire leurs propres choix. »

Tremblant de rage, le sorcier serra les poings. « Qui t'a donné la réponse ? » hurla-t-il.

Le roi ne répondit pas. Il fit simplement demi-tour et rentra chez lui, où un mariage l'attendait.

Lorsqu'il revint au château, tout le monde était déjà rassemblé dans la chapelle pour la cérémonie. Quand Arthur rejoignit la reine Guenièvre près de l'autel, il remarqua plus de femmes en pleurs que d'ordinaire lors d'un mariage. Même Guenièvre avait les larmes aux yeux. « Pauvre Gauvain, soupira-t-elle. Il doit épouser cette affreuse vieille femme. Je suis étonnée qu'il ne pleure pas. »

Mais Gauvain ne versa pas une larme. Il attendit patiemment au bout de la chapelle que sa femme rejoigne l'autel en traînant les pieds et en jetant un regard méprisant à tous ceux qu'elle croisait. Elle n'avait même pas pris la peine de se laver. L'odeur était si terrible que des mouches la suivaient et que deux dames s'évanouirent lorsqu'elle passa près d'elles.

Malgré son apparence répugnante, Gauvain lui prit gentiment la main et lui promit de l'aimer et de la chérir jusqu'à la fin de ses jours. Avant que la cloche ait sonné midi, ils étaient mari et femme.

Le banquet du mariage fut à la fois triste et étrange. Aucun des invités n'avait vraiment faim, mais la mariée mangea assez pour eux tous. En cinq minutes, elle avait englouti trois poulets, la moitié d'un gigot, un faisan entier et un pot de sauce à la viande.

« Encore », réclama-t-elle en essuyant son menton plein de graisse avec la manche de sa robe. Même le roi eut la nausée en la regardant.

Cependant, Gauvain continuait de traiter son épouse comme une vraie dame. Il la servit, remplissant son assiette de tout ce qu'elle désirait, jusqu'à ce qu'elle s'effondre sur son siège en rotant de satisfaction.

« Je vais aller me préparer pour la nuit », déclara-t-elle enfin, repue. Puis elle repoussa brusquement sa chaise et sortit de la pièce en se dandinant lourdement.

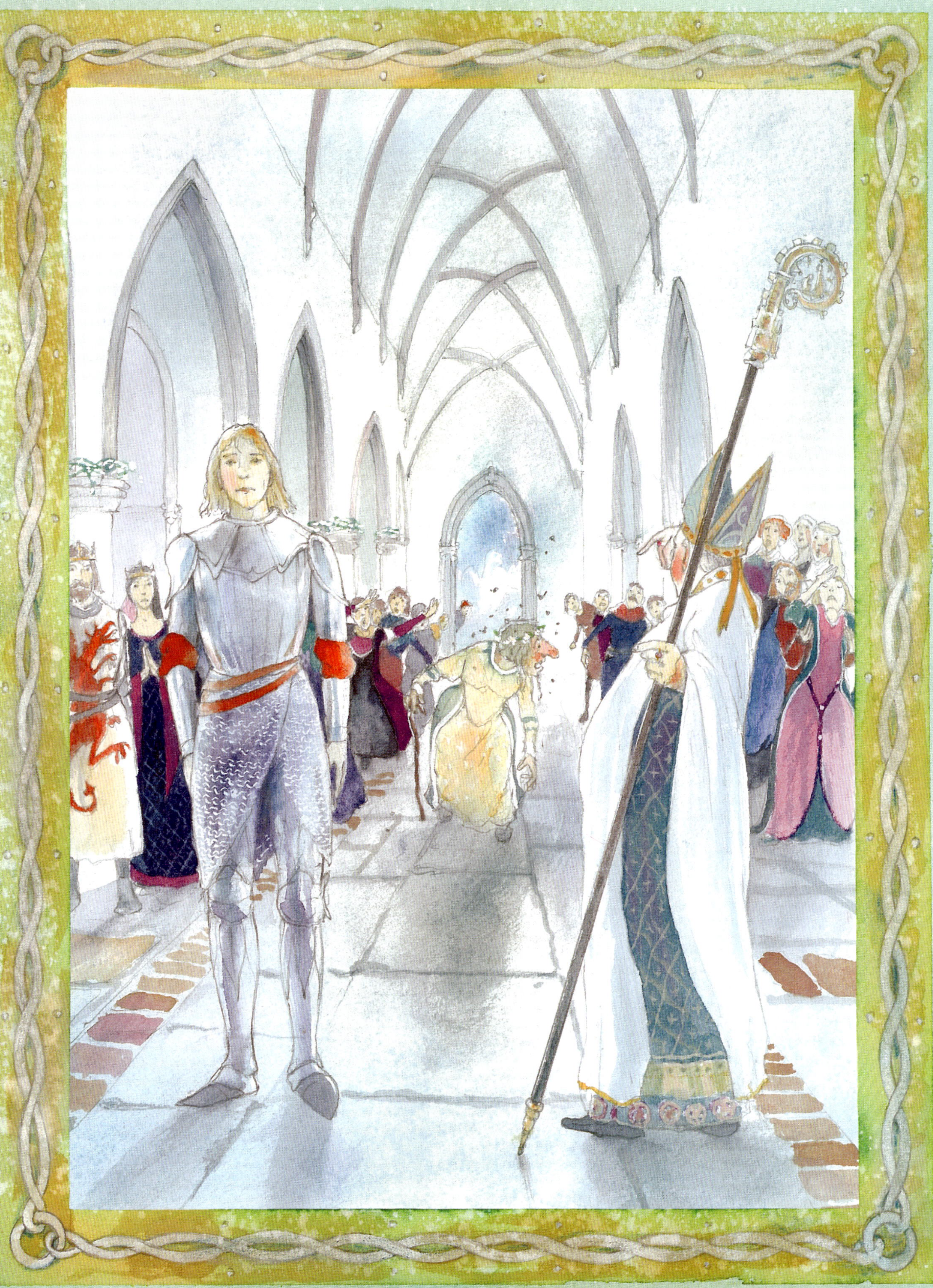

Tous les regards se tournèrent alors vers Gauvain avec compassion. Quelques minutes plus tard, il quitta la table et suivit sa femme à l'étage. Une fois devant la chambre, il s'arrêta, respira profondément et frappa à la porte.

« Entre », répondit une voix douce.

Lorsque Gauvain ouvrit la porte, il vit une belle jeune femme assise sur le lit dans une chemise de nuit blanche. Il se mit à rougir. « Mais... qui êtes-vous ? balbutia-t-il.

— Ta femme, bien sûr ! répondit la jeune femme.

— Je... j'ai dû me tromper de chambre », bredouilla Gauvain, incrédule. La jeune fille avait la peau dorée et lisse et de grands yeux marron. Elle avait des lèvres vermeilles et des cheveux châtains qui tombaient en vagues brillantes sur ses épaules. Elle ne ressemblait en rien à la créature qu'il venait d'épouser.

« Tu es dans la bonne chambre, répondit la jeune fille. J'étais affreuse à cause d'un sort qu'un horrible sorcier m'avait jeté. Il m'avait demandé de l'épouser et lorsque j'ai refusé, il m'a changée en vieille sorcière pour que personne ne veuille plus de moi. » Elle leva les yeux et sourit tendrement à Gauvain. « Mais grâce à ta gentillesse, poursuivit-elle, le sort est rompu... ou presque.

— Que veux-tu dire ? demanda Gauvain.

— Je peux redevenir moi-même soit la nuit, soit le jour, mais le reste du temps je serai affreuse, répondit la jeune femme tristement. À toi de choisir. »

Gauvain s'approcha de la fenêtre et regarda pensivement le ciel étoilé. Il réfléchit longuement. Valait-il mieux supporter le regard de pitié des gens le jour, sachant qu'il retrouverait sa belle épouse lorsqu'ils seraient seuls le soir venu ? Ou bien, serait-il préférable de montrer à tous combien elle était belle et de cacher sa laideur la nuit ?

Il se tourna vers la jeune femme, qui attendait patiemment qu'il décide de son sort, et son cœur se serra. C'était elle qui allait vivre ainsi. Il sut alors quelle serait sa réponse. S'agenouillant près du lit, il lui prit les mains et dit : « C'est à toi de choisir. Quel que soit ton choix, je t'aimerai toujours. »

Le visage de la jeune femme s'éclaira. « Tu n'aurais pas pu donner de meilleure réponse, s'exclama-t-elle en se jetant à son cou. En me donnant la liberté de choisir, tu as complètement rompu le sort. Désormais, je serai toujours moi-même. »

Bien sûr, Gauvain était fou de joie. À partir de ce jour, il n'y eut pas de couple plus heureux que celui-là.

# Le marmiton devenu chevalier

« Vous avez de la visite », annonça un écuyer au moment où le roi Arthur et ses chevaliers s'attablaient pour le dîner.

Un jeune homme entra et salua poliment le roi. « Pardonnez-moi de vous déranger, dit-il.

– Ce n'est rien, dit Arthur. Qu'est-ce qui t'amène ?

– J'ai trois requêtes, expliqua le jeune homme. J'espère que ce n'est pas trop. Tout d'abord, je demande de pouvoir vivre dans votre château pendant une année. En échange, je travaillerai à la cuisine.

– Pourquoi pas ? répondit Arthur d'un ton conciliant. Quelles sont tes deux autres requêtes ?

– Cela peut paraître un peu étrange, dit le jeune garçon, mais si vous le permettez, j'aimerais vous les dire une fois l'année écoulée. »

Arthur se mit à rire gentiment. « C'est d'accord, répondit-il, même si je dois t'avouer que cela m'intrigue. Quel est ton nom ?

– Je préfère également le garder pour moi pour l'instant, répondit le garçon.

– Ah ! s'exclama Keu, assis à côté d'Arthur. Pour qui te prends-tu, gamin ? Tu pourrais très bien être un espion de l'ennemi. »

Le roi Arthur regarda le garçon dans les yeux, puis, s'adossant contre sa chaise, répondit : « Je crois que nous pouvons lui faire confiance, Keu. » Il hocha la tête. « Tu peux rester, dit-il au garçon. Nous reparlerons dans un an. »

L'année qui suivit, le jeune homme travailla comme marmiton au château. Il ne rechignait devant aucune tâche, fût-elle ennuyeuse ou sale. Cependant, Keu ne manquait pas une occasion de se moquer de lui. « J'espère que tu sais où est ta place, gamin », plaisantait-il en passant devant la cuisine.

La plupart des autres chevaliers ignoraient le marmiton, mais Lancelot et son ami Gauvain s'arrêtaient souvent pour lui parler. Il leur arrivait même parfois de le convaincre de dîner avec eux. Le garçon restait poli, mais il refusait toujours leur offre et mangeait dans la cuisine avec les autres serviteurs.

Lorsque l'année fut écoulée, le roi Arthur convoqua le marmiton dans la grande salle, où tous ses chevaliers étaient rassemblés. « Maintenant, dit le roi, quelles sont tes deux autres requêtes ? »

Soudain, une femme fit irruption dans la pièce. « Pitié, aidez-moi, supplia-t-elle. Ma sœur a été capturée par le Chevalier Rouge.

— Je connais ce tyran, dit Gauvain d'un air sombre. Je l'ai déjà combattu et j'ai failli y laisser la vie.

– Tu as eu de la chance de t'en sortir, dit Lancelot. On dit qu'il a la force de sept hommes. »

Le marmiton avança d'un pas. « Désolé de vous interrompre, dit-il, mais ma prochaine requête pourrait vous être utile.

– Parle, dit le roi Arthur.

– Puis-je tenter de sauver la sœur de cette dame ? demanda le garçon.

– Bien sûr, répondit le roi.

– Bien sûr que non ! s'exclama la femme. Un marmiton pour sauver ma sœur ? C'est hors de question !

– Je crois qu'il pourrait vous surprendre, dit le roi Arthur. Seul un homme très courageux proposerait d'affronter le Chevalier rouge. » Il se tourna vers le marmiton. « Pourquoi voulais-tu passer un an à travailler dans ma cuisine ?

– Pour déterminer quels chevaliers je pourrais compter

parmi mes amis, répondit le jeune homme. Ce qui m'amène à ma troisième requête. Je voudrais que le sieur Lancelot m'accompagne dans ma quête et me fasse chevalier si je m'en sors.

— Faire d'un marmiton un chevalier ? s'exclama Keu.

— Avec plaisir, dit Lancelot.

— À cette allure, ma sœur ne sera jamais sauvée ! » s'exclama la femme, qui sortit de la pièce d'un air furieux.

Lancelot remit une épée et un cheval au marmiton, puis tous deux suivirent la dame.

« J'ignore pourquoi tu me suis, dit-elle lorsque le marmiton la rejoignit. Ce n'est pas à toi de tenter de sauver ma sœur.

— Mais je la sauverai, vous verrez », répondit le marmiton.

Ils avancèrent en silence jusqu'à ce qu'ils atteignent une rivière. Un chevalier tout de noir vêtu leur barrait la route. « N'approche pas, dit-il au marmiton, ou je devrai t'affronter.

— Ne vous gênez pas, dit la dame. Renvoyez ce vaurien d'où il vient, dans sa cuisine. »

Sans plus de formalités, le Chevalier Noir chargea. Le marmiton le regarda approcher au galop. Puis, au dernier moment, il s'écarta, saisit la lance du chevalier et le désarçonna. Avant que le Chevalier Noir ait pu se relever, le marmiton lui avait posé l'épée sur la gorge.

« Épargne-moi ! supplia le Chevalier Noir.
— D'accord, dit le marmiton, mais je vais devoir te prendre ton armure, ta lance et ton bouclier, car je n'en ai pas. »

Lancelot, qui avait observé la scène de loin, applaudit. « Bravo, dit-il. Je serai heureux de te faire chevalier après cela. »

Le marmiton enfila alors l'armure du Chevalier Noir et s'agenouilla devant Lancelot. « Debout, Sieur... », commença Lancelot, mais il s'arrêta soudain et sourit. « Mais... j'ignore ton nom », dit-il au jeune garçon. Celui-ci regarda alors la femme, qui le toisait, puis murmura son nom à l'oreille de Lancelot. « Ne le dites encore à personne, je vous prie, dit-il. J'aimerais d'abord faire mes preuves.

— C'est promis, répondit Lancelot. Debout, Sieur... ». Puis il murmura le reste afin que personne ne l'entende. « Bonne chance pour ta quête, ajouta-t-il. Je retourne dire au roi Arthur que tu es un chevalier digne de ce nom.

— Ce n'était qu'un coup de chance ! » plaisanta la femme. Elle éperonna son cheval et le marmiton la suivit.

Un peu plus loin, ils rencontrèrent un chevalier vêtu de vert. « Mon cher frère, s'écria le chevalier quand il aperçut l'armure du Chevalier Noir que portait le marmiton.

— Ce n'est pas votre frère, dit la dame. Ce soi-disant chevalier a vaincu le Chevalier Noir et volé son armure. Pour ma part, je pense que vous devriez le venger. »

Le Chevalier Vert fronça les sourcils. « J'y compte bien », dit-il, sûr de lui, et il chargea. Le marmiton trotta vers lui, puis, d'un coup de lance habile, le désarçonna. Le Chevalier Vert fut projeté en l'air et atterrit sur la tête. Pendant cinq minutes, sous le choc, il fut trop hébété pour parler. Lorsqu'il ouvrit enfin la bouche, ce fut pour dire au marmiton, qui se tenait près de lui : « Tu as gagné ».

« Où va le monde si un microbe pareil peut vaincre un vrai chevalier ? » s'indigna la dame. Rejetant la tête en arrière, elle partit d'un air vexé.

Le marmiton la suivit sans un mot.

Plus tard dans l'après-midi, ils atteignirent une vaste prairie. Dans un arbre à la lisière de celle-ci se trouvaient un bouclier et une lance, tous deux de couleur indigo.

« Tu as trouvé quelqu'un à ta hauteur, dit la dame. Le Chevalier Indigo est plus fort que les deux précédents réunis. Il défie tous ceux qu'il croise dans ce champ. Retourne vite à tes fourneaux si tu veux sauver ta peau.

— C'est celle de votre sœur que je veux sauver, répondit le marmiton fermement. Je combattrai le Chevalier Indigo, le Chevalier Rouge et tous les chevaliers qu'il faudra pour y parvenir. » Il s'élança au trot dans le pré.

Immédiatement, un chevalier au torse puissant arriva vers lui au galop. Mais il s'arrêta net lorsqu'il aperçut le marmiton. « Tu n'es qu'un enfant ! s'exclama-t-il, surpris.

— Ne vous en faites pas, répondit le marmiton en baissant la visière de son heaume. Je suis plus fort qu'il n'y paraît.

— Si tu le dis », répondit le Chevalier Indigo, en prenant son bouclier et sa lance.

Les deux chevaliers s'éloignèrent l'un de l'autre au trot, puis se retournèrent pour charger. Leurs lances heurtèrent leurs boucliers et, avec un fracas assourdissant, se brisèrent en deux.

Jetant les lances cassées, les chevaliers sautèrent de cheval et dégainèrent leur épée. Ils se battirent sans relâche, leurs lames étincelant dans la lumière rouge du soleil couchant, jusqu'à ce que tous deux soient épuisés.

Soudain, le marmiton donna au Chevalier Indigo un coup violent qui l'envoya à terre.

« Tu as gagné, grogna le Chevalier Indigo, haletant. Je n'ai jamais rencontré d'adversaire aussi valeureux. Je ne veux pas t'avoir pour ennemi.

— Mais il n'y a pas de raison que nous soyons ennemis », répondit le marmiton, rengainant son épée et aidant le chevalier à se relever.

La femme, qui avait regardé le combat d'un air songeur, descendit de cheval. Elle s'approcha du marmiton, la tête basse, l'air honteux. « Je t'ai traité de façon terrible, lui dit-elle. Je suis vraiment désolée. À vrai dire, tu es le chevalier le plus courageux que j'aie jamais vu. Me pardonneras-tu ?

— Bien sûr ! répondit aimablement le marmiton chevalier, soulagé. Oublions tout cela. »

Ils galopèrent ensemble jusqu'au château du Chevalier Indigo, qui leur offrit un bon repas et des lits confortables pour la nuit. Au matin, armés d'une nouvelle lance offerte par leur hôte, ils poursuivirent leur chemin pour sauver la sœur de la dame.

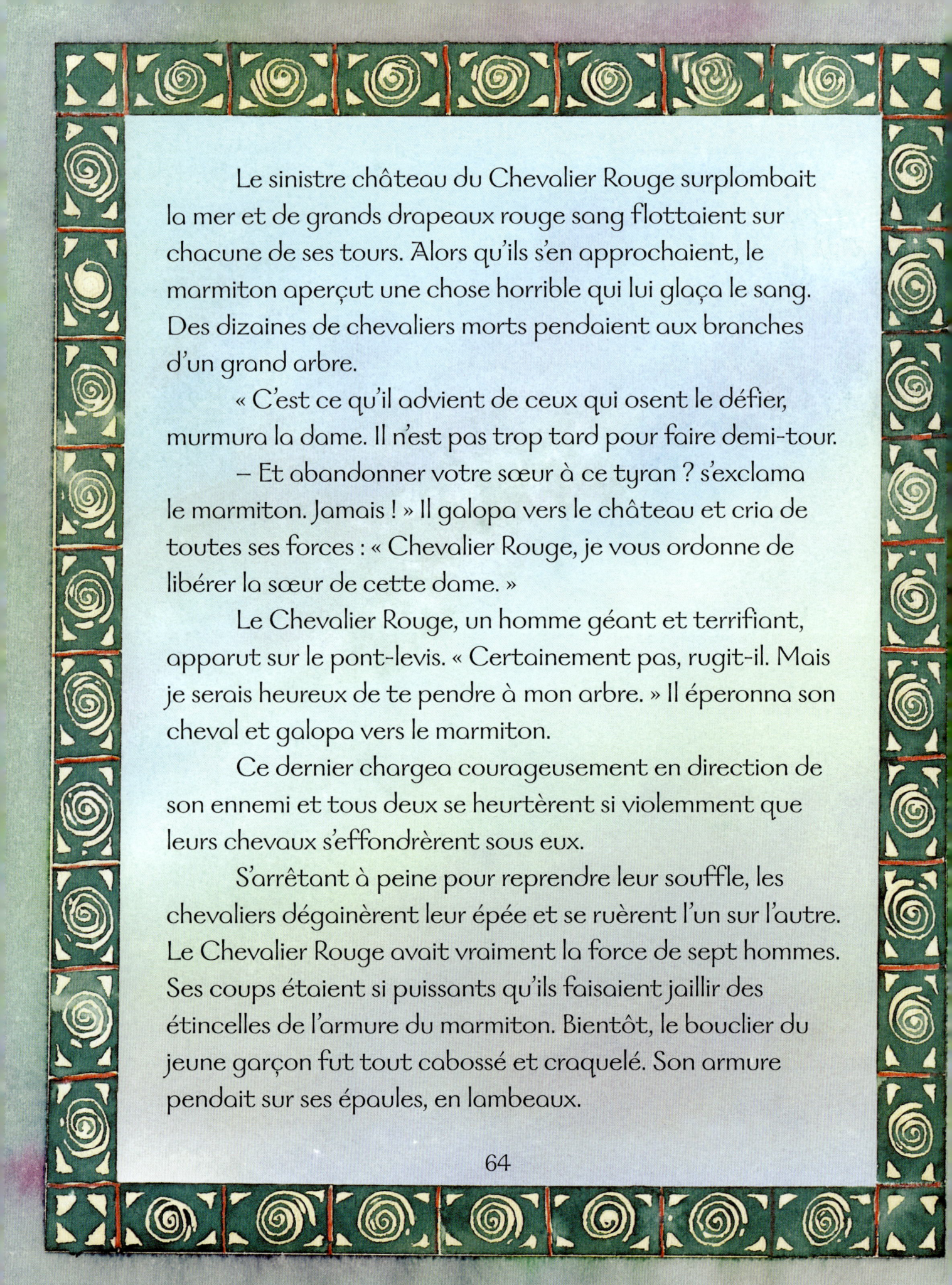

Le sinistre château du Chevalier Rouge surplombait la mer et de grands drapeaux rouge sang flottaient sur chacune de ses tours. Alors qu'ils s'en approchaient, le marmiton aperçut une chose horrible qui lui glaça le sang. Des dizaines de chevaliers morts pendaient aux branches d'un grand arbre.

« C'est ce qu'il advient de ceux qui osent le défier, murmura la dame. Il n'est pas trop tard pour faire demi-tour.

— Et abandonner votre sœur à ce tyran ? s'exclama le marmiton. Jamais ! » Il galopa vers le château et cria de toutes ses forces : « Chevalier Rouge, je vous ordonne de libérer la sœur de cette dame. »

Le Chevalier Rouge, un homme géant et terrifiant, apparut sur le pont-levis. « Certainement pas, rugit-il. Mais je serais heureux de te pendre à mon arbre. » Il éperonna son cheval et galopa vers le marmiton.

Ce dernier chargea courageusement en direction de son ennemi et tous deux se heurtèrent si violemment que leurs chevaux s'effondrèrent sous eux.

S'arrêtant à peine pour reprendre leur souffle, les chevaliers dégainèrent leur épée et se ruèrent l'un sur l'autre. Le Chevalier Rouge avait vraiment la force de sept hommes. Ses coups étaient si puissants qu'ils faisaient jaillir des étincelles de l'armure du marmiton. Bientôt, le bouclier du jeune garçon fut tout cabossé et craquelé. Son armure pendait sur ses épaules, en lambeaux.

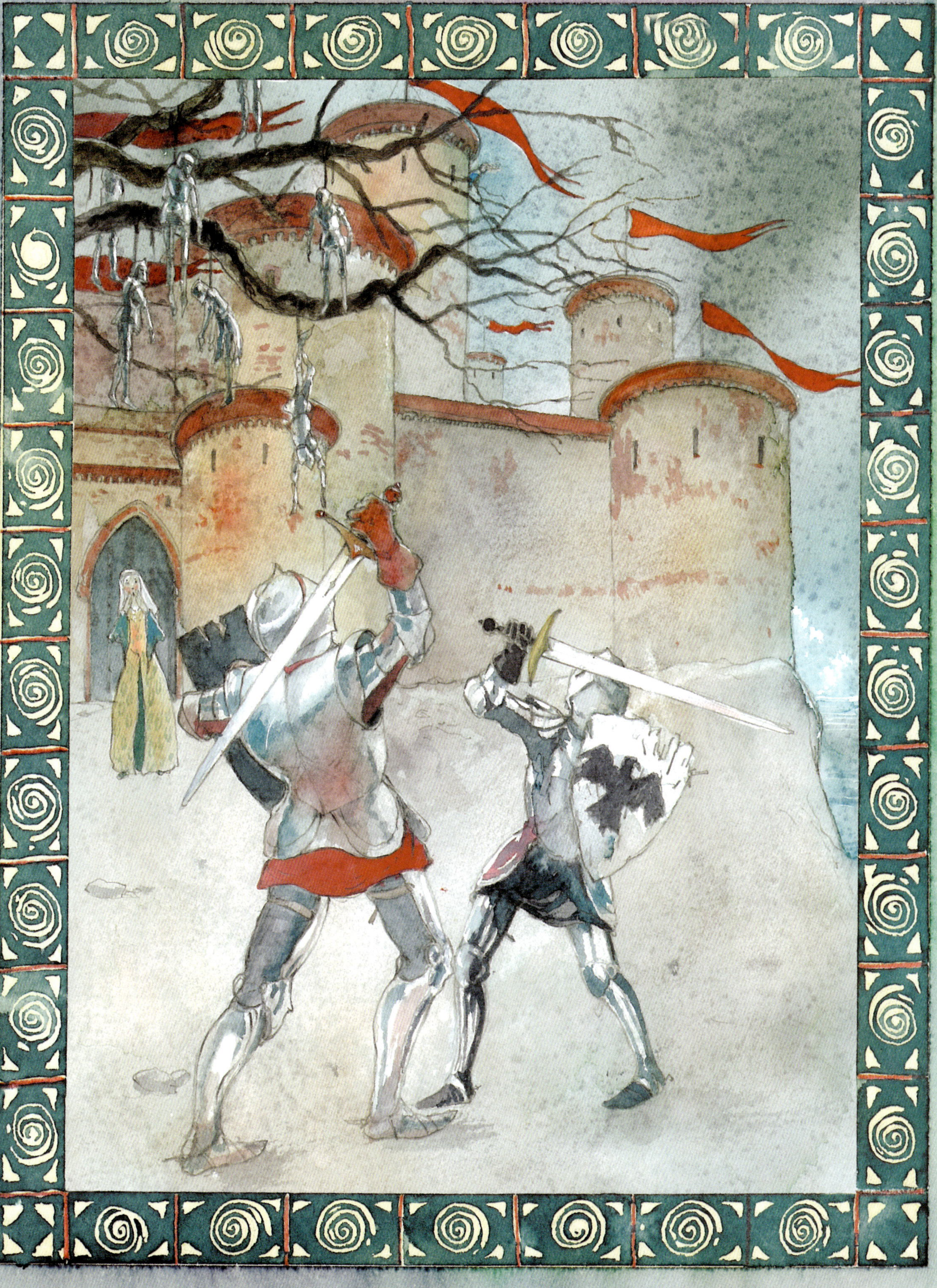

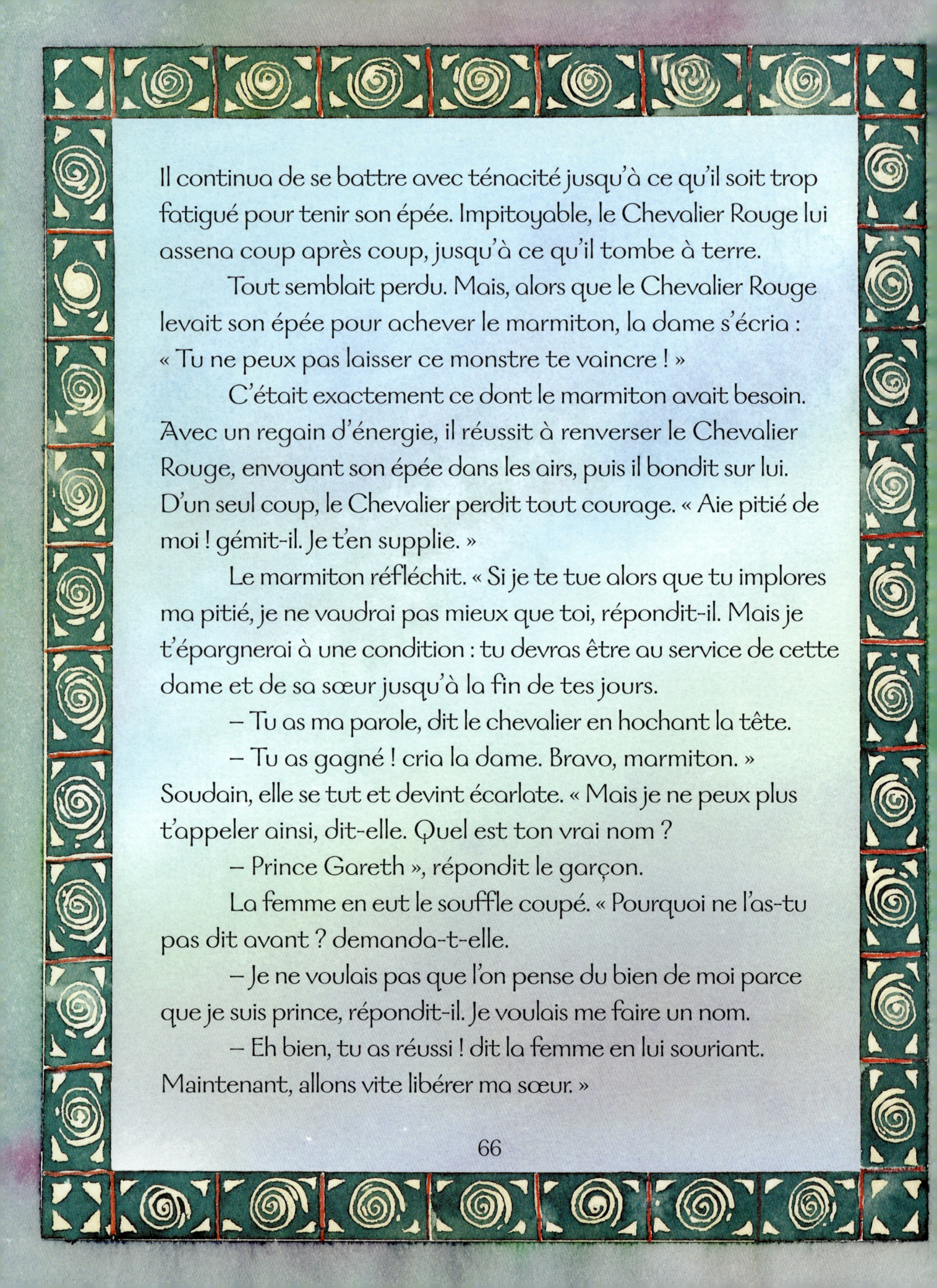

Il continua de se battre avec ténacité jusqu'à ce qu'il soit trop fatigué pour tenir son épée. Impitoyable, le Chevalier Rouge lui assena coup après coup, jusqu'à ce qu'il tombe à terre.

Tout semblait perdu. Mais, alors que le Chevalier Rouge levait son épée pour achever le marmiton, la dame s'écria : « Tu ne peux pas laisser ce monstre te vaincre ! »

C'était exactement ce dont le marmiton avait besoin. Avec un regain d'énergie, il réussit à renverser le Chevalier Rouge, envoyant son épée dans les airs, puis il bondit sur lui. D'un seul coup, le Chevalier perdit tout courage. « Aie pitié de moi ! gémit-il. Je t'en supplie. »

Le marmiton réfléchit. « Si je te tue alors que tu implores ma pitié, je ne vaudrai pas mieux que toi, répondit-il. Mais je t'épargnerai à une condition : tu devras être au service de cette dame et de sa sœur jusqu'à la fin de tes jours.

— Tu as ma parole, dit le chevalier en hochant la tête.

— Tu as gagné ! cria la dame. Bravo, marmiton. » Soudain, elle se tut et devint écarlate. « Mais je ne peux plus t'appeler ainsi, dit-elle. Quel est ton vrai nom ?

— Prince Gareth », répondit le garçon.

La femme en eut le souffle coupé. « Pourquoi ne l'as-tu pas dit avant ? demanda-t-elle.

— Je ne voulais pas que l'on pense du bien de moi parce que je suis prince, répondit-il. Je voulais me faire un nom.

— Eh bien, tu as réussi ! dit la femme en lui souriant. Maintenant, allons vite libérer ma sœur. »

# Le roi Arthur et la barge magique

Un cerf d'un blanc immaculé fuyait dans la forêt, trois cavaliers à ses trousses. Le roi Arthur, le roi Urien et sire Accolon chassaient leur proie depuis plusieurs heures. Ce faisant, ils s'étaient enfoncés loin dans la forêt sans parvenir à capturer le cerf. Lancés à plein galop et soucieux de ne pas perdre l'animal de vue, les trois hommes n'avaient pas vu où ils allaient. Soudain, au cœur de la forêt sombre, le cerf disparut.

Regardant autour d'eux, les chasseurs virent qu'ils s'étaient perdus. Le jour déclinait bien vite et il ferait nuit sous peu. « On ne retrouvera pas notre chemin ce soir, dit le roi Arthur. Trouvons un endroit où passer la nuit. »

Alors qu'il se tournait pour ouvrir le chemin, il vit quelque chose briller entre les arbres. Il écarta les branchages et découvrit un grand lac paisible. Une barge magnifique était amarrée sur sa rive.

« Il y a quelqu'un ? » appela Arthur. N'entendant pas de réponse, le roi monta alors prudemment sur la barge. Immédiatement, une centaine de torches s'allumèrent. Des ombres dansaient dans la lumière vacillante, mais pourtant, il n'y avait personne.

« Quelle chance ! » s'exclama Accolon en grimpant à bord. Le roi Urien haussa les épaules et lui emboîta le pas.

« Regardez ! » souffla Arthur. Douze jeunes femmes féeriques aux cheveux dorés et aux yeux vert émeraude étaient apparues. Toutes étaient parfaitement identiques.

« Bienvenue, dirent-elles en chœur d'une voix chantante. La forêt est dangereuse la nuit. Restez donc ici jusqu'au matin si vous le désirez.

– Merci », répondit Arthur. Une des jeunes femmes agita la main et une table recouverte d'un véritable festin apparut. Les chasseurs étaient affamés ; ils s'assirent et mangèrent sans même réfléchir. Petit à petit, le ciel devint d'un noir d'encre.

Une fois rassasiés, les trois hommes se sentirent très fatigués. Les jeunes femmes disposèrent sur le pont des coussins de soie très doux sur lesquels les chasseurs s'allongèrent et s'endormirent profondément.

Au matin, le roi Urien fut le premier à s'éveiller. À sa grande surprise, il vit qu'il se trouvait dans son château, dans son propre lit. « Mais comment suis-je arrivé là ? » murmura-t-il, se rappelant les évènements de la veille.

Urien regarda autour de lui et aperçut sa femme, la fée Morgane, allongée à ses côtés. Il ne connaissait que trop bien le regard rusé que lui lança son épouse. « Morgane, lui demanda-t-il anxieusement, qu'as-tu fait ? »

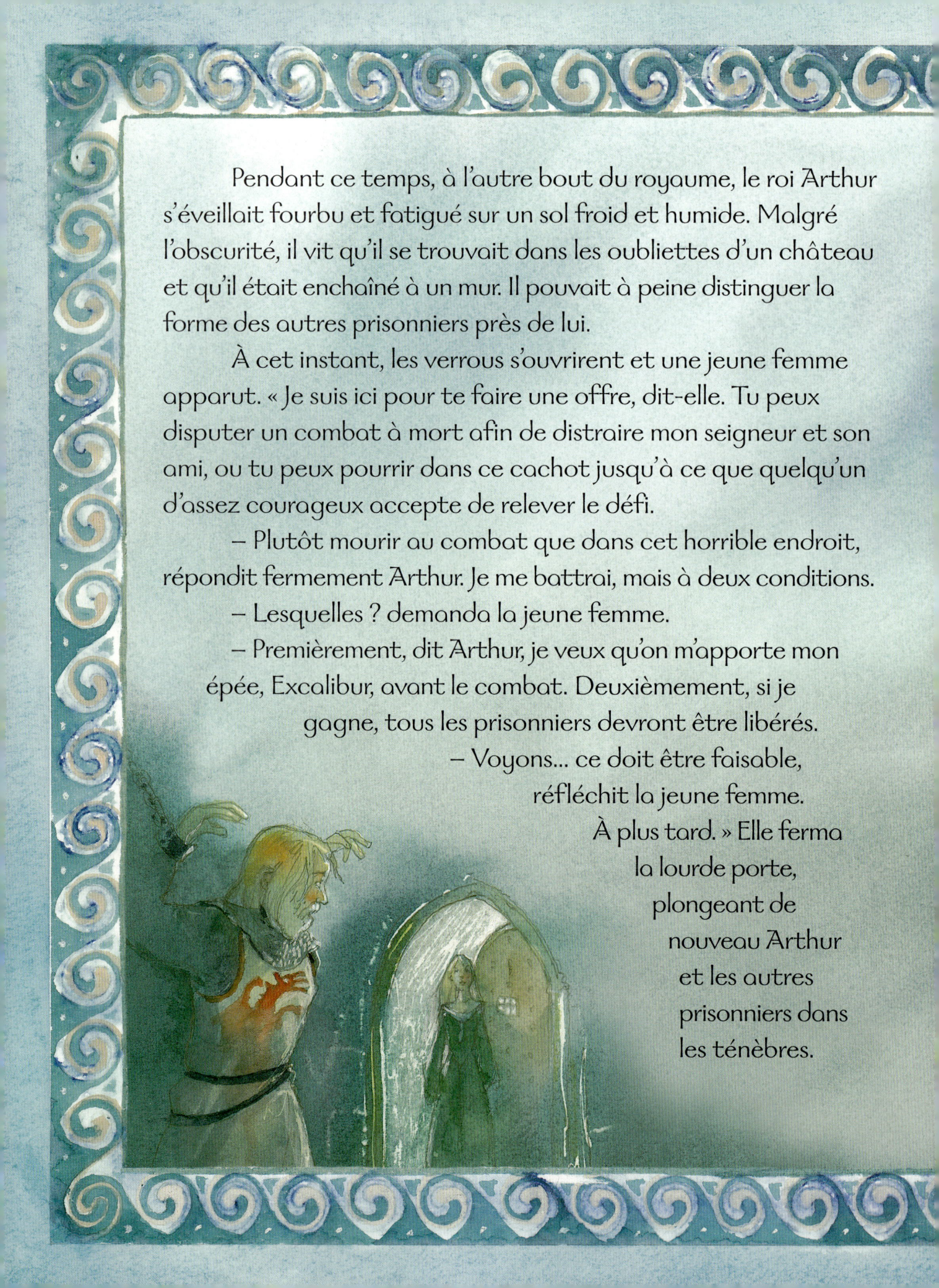

Pendant ce temps, à l'autre bout du royaume, le roi Arthur s'éveillait fourbu et fatigué sur un sol froid et humide. Malgré l'obscurité, il vit qu'il se trouvait dans les oubliettes d'un château et qu'il était enchaîné à un mur. Il pouvait à peine distinguer la forme des autres prisonniers près de lui.

À cet instant, les verrous s'ouvrirent et une jeune femme apparut. « Je suis ici pour te faire une offre, dit-elle. Tu peux disputer un combat à mort afin de distraire mon seigneur et son ami, ou tu peux pourrir dans ce cachot jusqu'à ce que quelqu'un d'assez courageux accepte de relever le défi.

— Plutôt mourir au combat que dans cet horrible endroit, répondit fermement Arthur. Je me battrai, mais à deux conditions.

— Lesquelles ? demanda la jeune femme.

— Premièrement, dit Arthur, je veux qu'on m'apporte mon épée, Excalibur, avant le combat. Deuxièmement, si je gagne, tous les prisonniers devront être libérés.

— Voyons... ce doit être faisable, réfléchit la jeune femme. À plus tard. » Elle ferma la lourde porte, plongeant de nouveau Arthur et les autres prisonniers dans les ténèbres.

Dans une prairie proche, sire Accolon se frottait les yeux, incrédule. Devant lui se tenait un nain portant une grande épée au fourreau finement ciselé. « Je viens de la part de la sœur du roi Arthur, la fée Morgane », dit le nain.

Accolon saisit le fourreau et en sortit l'épée. Sa lame luisante étincela au soleil et un regain d'énergie le parcourut, le faisant chanceler.

« C'est Excalibur, l'épée magique du roi Arthur, expliqua le nain. Elle vous donnera une grande force au combat. Et si vous portez son fourreau, il vous protégera des blessures. La fée Morgane aimerait que vous l'utilisiez lors d'un combat cet après-midi.

— Quel combat ? demanda Accolon, surpris.

— Un méchant seigneur a fait prisonnier le roi Arthur, répondit le nain. Vous devez l'affronter jusqu'à la mort pour sauver le roi. »

Accolon remit l'épée dans son fourreau et l'attacha à sa taille. « Je te suis », dit-il d'un air grave.

Lorsqu'ils arrivèrent au château, la foule était déjà là pour assister au combat. Une armure complète attendait au bord du terrain. Le nain aida Accolon à l'enfiler, puis alla chercher un cheval, un bouclier vert et une lance.

L'épée magique à la taille, Accolon entra sur le terrain de joute avec le sentiment d'être invincible. Il distinguait son adversaire à l'autre bout du terrain, mais le visage de l'homme était caché par la visière d'un heaume. Accolon ne le reconnut pas. « Qui est donc ce seigneur diabolique ? se demanda-t-il.

Puis il haussa les épaules. Peu importe, se dit-il. Il a capturé mon roi. C'est tout ce que je dois savoir. »

À l'autre bout du terrain, le roi Arthur observait son adversaire, ne se doutant absolument pas qu'il s'agissait d'Accolon. Un écuyer lui remit une épée dans un fourreau finement ciselé. « Votre sœur bien-aimée vous envoie votre épée, Excalibur, ainsi que ses meilleurs vœux pour le combat », dit-il en saluant une femme encapuchonnée dans la foule.

Arthur fronça les sourcils. Il ne savait pas jusqu'à quel point il pouvait faire confiance à la magie de sa peste de sœur. Alors qu'il attachait l'épée à sa taille, il remarqua qu'elle était plus légère que de coutume. « Quelque chose ne va pas », pensa-t-il. Mais à cet instant, le héraut fit sonner sa trompette. Le tournoi commençait.

Oubliant ses doutes, Arthur agrippa son bouclier, baissa sa lance et galopa en direction de son adversaire.

Les deux chevaliers foncèrent l'un vers l'autre, les sabots de leurs montures projetant des mottes de terre. Arthur visa, et d'un coup vigoureux, désarçonna Accolon.

Celui-ci se releva, indemne, et sortit son épée. Arthur mit pied à terre et attaqua sur-le-champ.

Le roi Arthur était fort comme un lion et rapide comme l'éclair. Lorsqu'il donnait dix coups à son adversaire, Accolon ne lui en rendait qu'un. La foule était muette, impressionnée.

Pourtant, malgré les coups violents de son rival, Accolon semblait indemne, tandis que chaque coup reçu par Arthur entamait son armure comme si elle avait été en papier.

Bien vite, la foule, incrédule, se mit à murmurer. Comment le meilleur chevalier pouvait-il perdre ?

Redoublant d'effort, Arthur tenta d'asséner un formidable coup à son adversaire. Accolon s'empressa de lever son épée pour parer, et la lame d'Arthur se cassa net à la poignée. Le roi la contempla avec horreur. « Comment est-ce possible ? se demanda-t-il. Excalibur est incassable. »

Néanmoins, il fit face à son adversaire, son épée brisée à la main. Il était si habile qu'il parvint à parer les coups d'Accolon. Malheureusement, il ne pouvait approcher suffisamment pour attaquer, et ses blessures l'affaiblissaient.

Soudain, il aperçut le fourreau ciselé de son adversaire. Il écarquilla les yeux, stupéfait. Il était identique au sien ! Lorsqu'il regarda l'épée dans la main d'Accolon, il comprit soudain. « C'est mon épée que tient mon ennemi ! » rugit-il.

Furieux, Arthur plaqua son bouclier contre la poitrine d'Accolon et envoya valser son épée magique.

Excalibur voltigea dans les airs, sous les regards médusés des spectateurs. Le roi Arthur bondit pour la saisir. La foule cria d'excitation.

Un regain d'énergie familier parcourut le corps d'Arthur lorsqu'il referma les doigts sur la poignée de son épée. « Voilà qui est mieux », se dit-il.

Avant même qu'Accolon puisse bouger, Arthur sortit l'épée magique de son fourreau. « J'ai trop souffert par la lame de mon épée, marmonna-t-il. À ton tour. » Et il terrassa son adversaire d'un seul coup de lame.

« Tu te bats comme si la justice était de ton côté, grogna Accolon, bien que tu aies capturé mon roi. »

Arthur se figea en entendant la voix de son adversaire. « Comment t'appelles-tu ? demanda-t-il, intrigué. Et où as-tu donc trouvé cette épée ? Pas de mensonge...

— Je m'appelle Accolon, répondit ce dernier. La fée Morgane m'a prêté cette épée pour libérer le roi Arthur.

— C'est Morgane qui a fait ça ? » souffla Arthur.

Un cri étouffé jaillit de la foule. Arthur releva les yeux et vit la fée Morgane rabattre son capuchon. Elle le dévisageait, le regard plein de haine.

« Ma propre sœur, dit Arthur, la voix tremblante de colère. Je ne pensais pas que tu irais jusque-là.

— Votre Majesté, murmura craintivement Accolon. Est-ce vous ? »

Arthur retira son heaume. Un murmure parcourut l'assemblée lorsque tous le reconnurent.

« Je vous le jure, bégaya Accolon. Je ne savais pas que c'était vous. Je n'aurais jamais accepté d'affronter mon roi.

— Je te crois, répondit Arthur. Ma sœur diabolique nous a trompés tous les deux ». Il regarda froidement Morgane. « Veux-tu bien m'expliquer pourquoi tu as essayé de me tuer ? lui demanda-t-il.

— Je n'ai rien à t'expliquer, répliqua méchamment la fée. Pour qui te prends-tu ? Je maîtrise la magie et j'ai le pouvoir de faire apparaître des jeunes beautés blondes et bouclées, ainsi que de déplacer les dormeurs dans leur sommeil. Pourtant, c'est toi qui as tout et remportes toute la gloire. Tu finis toujours par triompher, quoiqu'il arrive.

— Ce n'est pas un jeu, ma sœur, répliqua Arthur. C'est la réalité. On ne joue pas avec la vie des autres.

— Pff ! Qu'est-ce que la réalité ? répondit Morgane. Est-ce que la nourriture sur la barge était réelle ? La barge l'était-elle aussi ? Et ça ? » Morgane fit une esquisse dans les airs et des nuages orageux se rassemblèrent pour former un dragon dans le ciel.

Soudain, le dragon plongea. Les badauds paniqués trébuchèrent, se cognant les uns aux autres, hurlant de terreur.

Mais avant que la bête n'atteigne le sol, elle se changea en minces volutes inoffensives. Profitant du brouhaha, la sorcière avait disparu. Arthur, connaissant les ruses de sa sœur, fut le seul à la voir partir.

# Orphée et sa harpe

Par un matin de printemps ensoleillé, la reine Isabelle était assise à l'ombre d'un grand arbre feuillu dans le jardin du château. Orphée, son époux, jouait de la harpe dans leur demeure et la mélodie parvenait jusqu'à elle, portée par la brise. Le roi jouait si bien que même les oiseaux s'étaient arrêtés de chanter pour l'écouter. Isabelle ferma les yeux et soupira d'aise. Bientôt, elle s'endormit.

Peu après, Orphée entendit son épouse crier. Il se précipita dans le jardin et l'y trouva assise sous l'arbre. Blanche comme un linge, elle tremblait de frayeur. « Mais que se passe-t-il ? » lui demanda-t-il en l'enlaçant tendrement, inquiet de la voir si ébranlée.

La reine se mit à pleurer à chaudes larmes. Malgré son inquiétude, Orphée attendit patiemment qu'Isabelle se calme et retrouve la parole.

« Quelque chose d'horrible s'est produit, balbutia enfin la reine. Je dois m'en aller.

— Alors, je viens avec toi », répondit Orphée.

La reine fondit de nouveau en larmes. « Impossible, sanglota-t-elle. Je dois y aller seule. » Puis elle expliqua ce qui était arrivé.

Tandis qu'elle se reposait à l'ombre, un roi féerique, étrange et majestueux, était venu jusqu'à elle, accompagné d'une centaine de chevaliers et de damoiselles, tous vêtus d'étoffes chatoyantes. Le roi s'était arrêté au pied de l'arbre et lui avait souri. « Venez avec moi, avait-il dit doucement, et vous vivrez dans un monde plus beau que tout ce que vous avez imaginé. »

Ensorcelée par la beauté de ces êtres féeriques, la reine s'était levée pour s'approcher d'eux. Le roi lui avait tendu la main, mais elle avait reculé et secoué la tête. « Je suis heureuse ici, avait-elle répondu. J'ai tout ce dont j'ai besoin. Je refuse de vous suivre. »

Les yeux du roi avaient lui d'un éclat dangereux. Il avait agité la main et Isabelle s'était retrouvée soudain assise devant lui sur son cheval. Il avait secoué les rênes et ils étaient partis au galop. Soudain, le monde autour d'elle avait semblé disparaître, et tous étaient arrivés bien vite au château du roi. Isabelle n'avait jamais rien vu de pareil. Les murs étaient lisses comme du verre et la bâtisse comptait des centaines de tours en cristal, qui étincelaient tant qu'elle avait du mal à les regarder.

« Voici mon royaume, lui avait murmuré le roi. Entrez, et vous vivrez avec moi pour l'éternité.

– Non ! avait crié la reine.

– Vous avez jusqu'à demain pour changer d'avis, avait répondu le roi féerique d'un ton menaçant. Je vous donne rendez-vous au même arbre, à midi. Si vous n'êtes pas là, je vous trouverai et je vous tuerai. Vivante ou non, demain, vous serez à moi. » Puis il avait fait demi-tour et avait ramené Isabelle chez elle.

Lorsque la reine eut fini son étrange récit, le roi Orphée décida d'agir. Le matin suivant, sa femme et lui, accompagnés d'un millier de chevaliers, prirent place dans le jardin du château pour attendre l'arrivée du roi féerique. Isabelle se tenait sous l'arbre, serrant la main de son mari. Les chevaliers les entouraient, leur épée scintillante à la main, déterminés à protéger leur reine bien-aimée. « Ne t'en fais pas, Isabelle, dit Orphée, confiant. Qui pourrait s'emparer de toi maintenant ? »

Lorsque midi sonna, le roi sentit la main de la reine quitter la sienne. Il se tourna et regarda autour de lui, mais elle avait disparu en un clin d'œil.

« Fouillez les jardins ! » ordonna le roi, terrifié. Tous les chevaliers, affolés, se mirent en quête de la reine.

Ils retournèrent ciel et terre ce jour-là ainsi que le suivant, mais Isabelle avait disparu comme par magie sans qu'on ne puisse rien y faire.

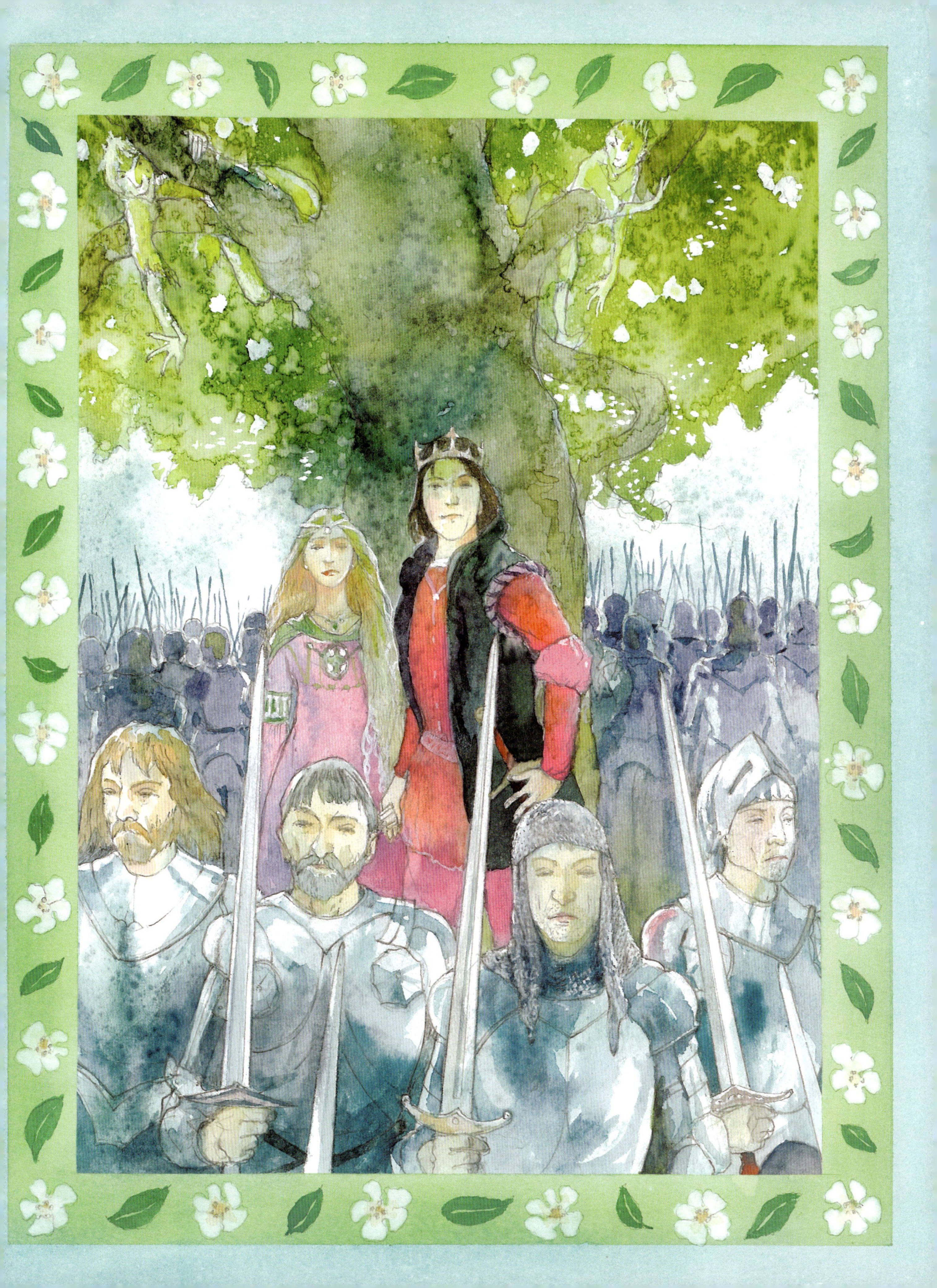

Orphée s'enferma dans sa chambre et n'en ressortit qu'une semaine plus tard. Ses joues étaient creuses et ses yeux avaient perdu leur éclat. « Je ne peux pas vivre ici sans elle, dit-il. Je pars me réfugier dans la forêt parmi les arbres et les animaux sauvages. »

Ses seigneurs, conseillers et plus loyaux chevaliers tentèrent de le persuader de rester, mais le roi avait pris sa décision. Confiant le royaume à ses plus fidèles amis, Orphée partit dans la forêt, n'emportant avec lui que son trésor le plus précieux : sa harpe.

Pendant dix longues années, le roi vécut tel un animal sauvage. Il ne mangeait plus de mets délicats et ne dormait plus dans des draps doux et blancs. Au lieu de cela, il se nourrissait de noix et de baies, et dormait sur un lit de mousse. Il devint maigre et pâle, et ses cheveux et sa barbe lui poussèrent jusqu'à la taille. Durant tout ce temps, il ne joua pas de sa harpe, qu'il avait cachée au creux d'un arbre, sa musique lui étant insupportable.

Puis un jour, Orphée ressortit son instrument et se mit à jouer. Il avait toujours été un excellent musicien, mais lorsqu'il joua cette fois, la musique qui s'échappa de sa harpe fut plus belle encore. Elle se répandit dans la forêt, se glissant dans chaque trou et terrier. Tous les oiseaux et autres animaux de la forêt sortirent pour l'écouter.

À compter de ce jour, Orphée joua de la harpe quotidiennement. À chaque fois qu'il jouait, la musique était de plus en plus belle et les animaux de la forêt s'approchaient davantage. Bientôt, même les oiseaux les plus timides vinrent se poser sur son épaule, et les cerfs, d'ordinaire farouches, s'installèrent à ses pieds pour l'écouter.

Un jour, alors qu'il jouait, Orphée aperçut une lueur blanche entre les arbres. Puis un groupe d'étranges belles jeunes femmes apparut, vêtues d'étoffes chatoyantes et juchées sur des montures d'un blanc immaculé.

Parmi elles se trouvait Isabelle, dont les yeux croisèrent ceux d'Orphée. Elle le reconnut, mais avant qu'elle puisse dire un mot, les jeunes femmes firent demi-tour et s'éloignèrent au galop, emmenant Isabelle avec elles.

Serrant sa harpe, Orphée se releva et se lança à leurs trousses. Il courut aussi vite que possible, en vain. Les chevaux sont rapides, mais les chevaux féeriques le sont bien plus encore. Ils filèrent au loin et finirent par disparaître. Orphée continua à courir dans la forêt, espérant les apercevoir, mais ils s'étaient volatilisés.

« C'est insupportable, s'écria-t-il, tombant à genoux de désespoir. Comment vais-je retrouver mon Isabelle bien-aimée maintenant ? » Il enfouit son visage dans ses mains et se mit à sangloter.

C'est alors que quelque chose poussa son bras. Il leva la tête et à sa grande surprise, vit un troupeau de cerfs. Il les reconnut immédiatement, car il s'agissait du troupeau qui venait écouter sa musique chaque jour. Le plus grand mâle s'avança, baissa la tête, puis s'agenouilla. Il semblait inviter Orphée à grimper sur son dos.

Sans hésiter, le roi s'accrocha aux bois de l'animal et monta sur son dos. Le cerf se releva et se mit à courir... de plus en plus vite. Il courait si vite que ses sabots semblaient à peine toucher le sol. Orphée avait l'impression de voler et il tint fermement les bois de l'animal jusqu'à ce que celui-ci finisse par ralentir.

Le cerf s'arrêta enfin à l'orée de la forêt. Orphée eut le souffle coupé en découvrant devant lui le château décrit jadis par sa chère Isabelle. Ses nombreuses tours en cristal délicat étincelaient tant qu'elles l'éblouirent.

« Le royaume féerique », murmura Orphée. Il mit pied à terre. « Merci, mon ami », dit-il en caressant le cou soyeux de l'animal.

Le noble cerf inclina doucement la tête, puis retourna discrètement dans la forêt.

Orphée marcha jusqu'aux portes du château et frappa bruyamment. « Qui va là ? demanda la sentinelle.

– Un musicien qui vient jouer pour le roi », répondit Orphée. La sentinelle ouvrit les portes et le fit entrer. Une vision lugubre s'offrit à Orphée. Dans toute la cour se trouvaient des personnes gelées dans diverses positions : des femmes qui dansaient, des chevaliers sur leur cheval, des bébés dans leur berceau... Tous figés par la magie. Orphée regarda vite autour de lui pour voir si Isabelle était là, et son cœur fit un bond lorsqu'il l'aperçut installée sous un arbre. Elle était endormie, telle qu'elle était lorsque le roi féerique l'avait vue la première fois.

« Suivez-moi », dit la sentinelle, qui conduisit Orphée jusqu'à la salle du trône, où siégeait le roi. Orphée s'agenouilla devant lui. « Votre Majesté, commença-t-il timidement, je suis venu vous jouer de la musique.

– Quel crétin es-tu pour venir jusqu'ici ? répondit le roi en fronçant les sourcils. On ne vient pas chez moi sans y être invité.

– Majesté, je ne suis qu'un pauvre ménestrel itinérant, répondit humblement Orphée. Selon la tradition, je passe dans tous les châteaux pour offrir ma musique. »

Sans attendre la réponse du roi, Orphée se mit à jouer de la harpe. Une mélodie sublime et presque ensorcelante s'éleva sous ses doigts. Le roi se détendit et s'installa au fond de son trône pour l'écouter. Les chevaliers et les fées se glissèrent dans la salle, envoûtés par la musique.

Lorsque la dernière note s'évanouit, le roi soupira. « C'était extraordinaire, dit-il. Ta musique m'a beaucoup plu. Demande-moi ce que tu veux, et tu l'auras.

— Votre Majesté, répondit Orphée, j'aimerais la dame qui dort dehors sous un arbre.

— Ne sois pas ridicule, s'exclama le roi. Que trouverait-elle à un homme aussi laid que toi ?

— Il serait encore plus laid que tous ces gens ici présents aient entendu un horrible mensonge dans la bouche de leur roi, répondit calmement Orphée. Vous m'avez dit que je pourrais choisir ma récompense. »

Le roi semblait mal à l'aise. Il regarda tous ses sujets. « Alors, emmène-la, répondit-il amèrement, et disparais. »

Orphée salua le roi, puis se hâta dans la cour et s'agenouilla devant sa femme. Avec douceur, il toucha la joue d'Isabelle dont les yeux s'ouvrirent. Elle sourit, muette d'émotion.

« Viens vite avant que le roi change d'avis », murmura Orphée. Tous deux sortirent du château et entrèrent dans la forêt où le cerf les attendait pour les ramener chez eux.

Isabelle et Orphée vécurent très heureux pour le restant de leurs jours et ne virent plus jamais de fées.

# Le Val sans retour

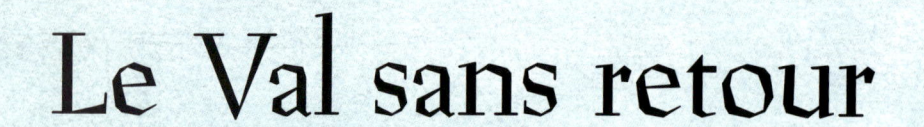

Un matin, alors que le roi Arthur était entouré de sa cour, un cavalier fit irruption dans la salle. Sa monture et son armure étaient noires, et ses yeux étaient aussi sombres et vides que des fosses sans fond. « Je suis le prince du Val sans retour », annonça-t-il d'une voix glaciale.

À ces mots, tous frissonnèrent et la colère s'empara du roi. Chacun connaissait des personnes qui s'étaient aventurées sur cette terre terrible où on les avait capturées. D'innombrables chevaliers avaient tenté de les libérer, mais le prince les avait tous tués, même les plus braves.

« Comment osez-vous entrer dans mon château après ce que vous avez fait ? » tonna Arthur. Il sortit son épée, et dans un sifflement métallique, tous les chevaliers présents firent de même. Le prince ricana. « Si vous me blessez, dit-il, mes prisonniers resteront à jamais captifs sur mes terres. Vous ne voulez pas savoir comment les sauver ?

— Comment donc ? grogna Arthur, l'air soupçonneux.

— Si vous avez un chevalier assez courageux, répondit le prince, demandez-lui d'escorter la reine Guenièvre dans la forêt et de m'affronter. S'il gagne, je laisserai la reine revenir et je libérerai les prisonniers. Mais s'il perd, lui et votre charmante reine m'appartiendront, et vous ne les reverrez plus jamais.

— Je ne risquerai pas d'autres vies pour vos jeux diaboliques, répondit Arthur. Disparaissez ! »

Le prince haussa les épaules. « J'attendrai dans la forêt au cas où vous changeriez d'avis », dit-il avant de sortir de la salle au galop.

Tout le monde resta un instant muet de stupéfaction. Puis Keu se leva. « Si vous le laissez s'en sortir comme ça, je m'en vais », dit-il.

La reine Guenièvre mit sa main sur le bras de Keu. « Nous ne voulons pas perdre un bon chevalier, surtout par ces temps difficiles, dit-elle. Comment puis-je vous convaincre de rester ?

— En m'accompagnant dans la forêt, répondit Keu, afin que je donne une leçon à ce prince et que je libère les prisonniers. »

Lancelot se redressa d'un bond. « Aucun de nous ne veut faire courir de risques à la reine, Keu », dit-il d'un ton menaçant.

Keu l'ignora et sourit d'un air encourageant à la reine.

« Je vous promets que vous ne risquez rien, dit-il doucement. Je suis le meilleur chevalier. Ce démon ne peut en aucun cas me battre. »

Il paraissait si sûr de lui que Guenièvre accepta.

« C'est trop risqué, ma douce amie, dit le roi. N'y allez pas. »

Mais la reine ne voulut rien savoir. « Nous devons essayer », dit-elle. Arthur acquiesça silencieusement. La tête haute, Guenièvre s'enfonça dans la forêt sombre en compagnie de Keu.

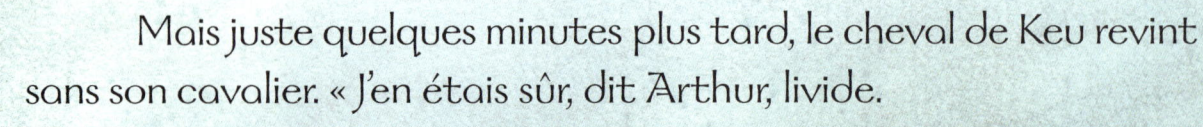

Mais juste quelques minutes plus tard, le cheval de Keu revint sans son cavalier. « J'en étais sûr, dit Arthur, livide.

– Le prince les a sûrement emmenés jusqu'à son château, dit Lancelot. Je vais essayer de les sauver. » Et il s'enfonça dans la forêt au galop.

Le chemin qui menait au Val sans retour était envahi par la végétation, si bien que la monture de Lancelot ne put aller bien loin. Lancelot l'abandonna et sortit son épée. Il était sur le point de se frayer un chemin dans les branchages lorsque, à son étonnement, ces derniers s'écartèrent devant lui.

Il avança prudemment, et d'autres branches s'écartèrent à leur tour, lui permettant de progresser un peu, avant de se refermer de nouveau derrière lui.

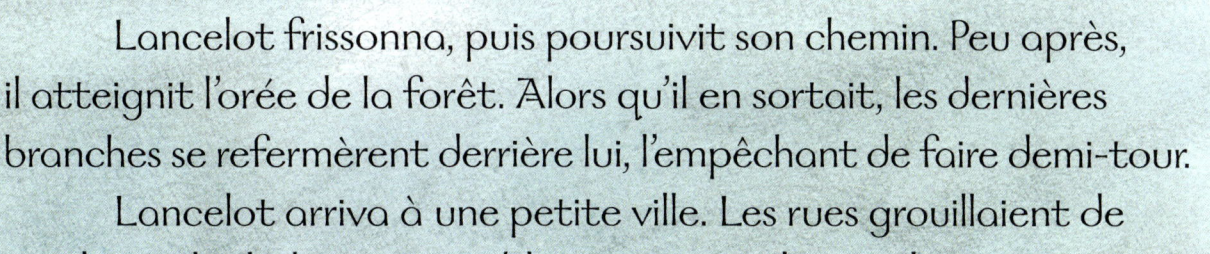

Lancelot frissonna, puis poursuivit son chemin. Peu après, il atteignit l'orée de la forêt. Alors qu'il en sortait, les dernières branches se refermèrent derrière lui, l'empêchant de faire demi-tour.

Lancelot arriva à une petite ville. Les rues grouillaient de gardes, et les habitants semblaient tristes. Il vit un homme avec un cheval. « Pourriez-vous me dire où je suis ? lui demanda Lancelot.

– Vous êtes au Val sans retour, répondit l'homme d'un ton lugubre. Je vous plains. Tout comme nous, vous n'en partirez plus.

– J'en partirai, répondit Lancelot d'un ton ferme, et vous aussi lorsque j'aurai vaincu le prince.

– Soit vous êtes un idiot, soit vous êtes l'homme le plus courageux que je connaisse, s'exclama l'homme. Pour atteindre le château sans l'aide de la magie, il faut traverser le pont de l'Épée. Personne n'y a jamais survécu.

– Je n'ai pas le choix, répondit Lancelot d'un ton pressé. Je dois sauver la reine. Où se trouve ce pont ? »

L'homme désigna un endroit en dehors de la ville. « Allez par là et laissez vos oreilles vous guider, dit-il, regardant Lancelot avec respect. Si vous voulez vraiment y aller, vous aurez besoin d'un cheval. Prenez le mien, dit-il en tendant les rênes à Lancelot, et bonne chance !

— Merci », répondit Lancelot. Il monta en selle et quitta la petite ville triste au galop. En approchant, il entendit un grondement sourd. Le chevalier se hâta vers le bruit, qui se fit de plus en plus fort.

Il atteignit enfin une gorge rocailleuse profonde. Lancelot vit d'où provenait le son en se penchant au-dessus du gouffre : tout en bas, une rivière sombre et glacée s'écrasait sur les rochers en dents de scie. Résonnant dans les profondeurs, le bruit se muait en rugissement assourdissant.

En travers de la gorge reposait une épée gigantesque. C'était le pont le plus étrange que Lancelot ait jamais vu. Pour tester son tranchant, il ramassa une pierre et la lança sur la lame brillante. La pierre fut coupée en deux tel un morceau de beurre. Le sang de Lancelot ne fit qu'un tour alors que les débris de pierre tombaient dans le torrent.

Mais ce n'était pas tout... De l'autre côté du pont de l'Épée se trouvaient deux lions féroces. « Même si je parviens à traverser, murmura Lancelot, je serai dévoré. » Puis il songea à la pauvre reine prisonnière. Le chevalier ferma les yeux, inspira profondément et s'avança avec précaution sur le pont de l'Épée.

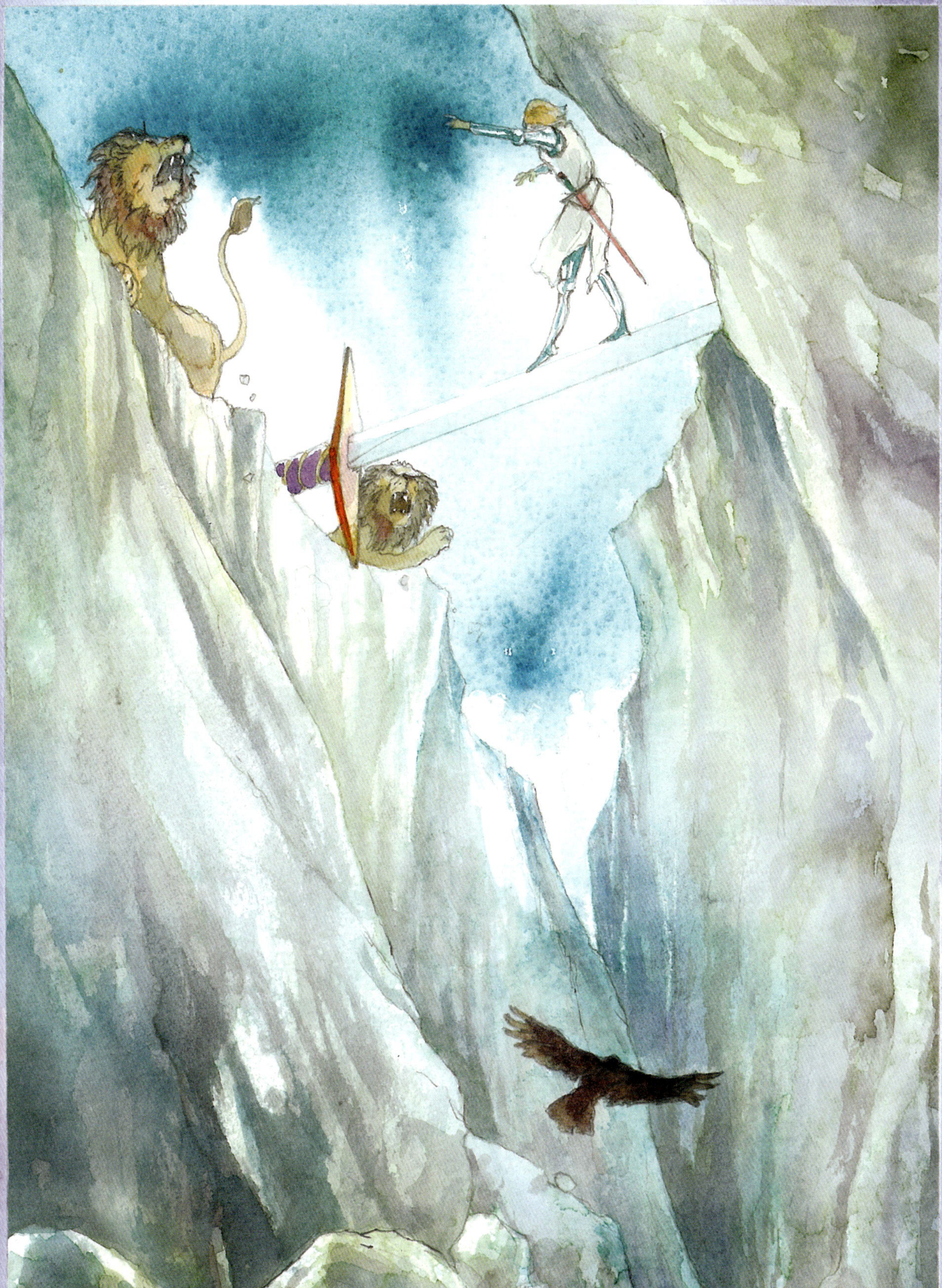

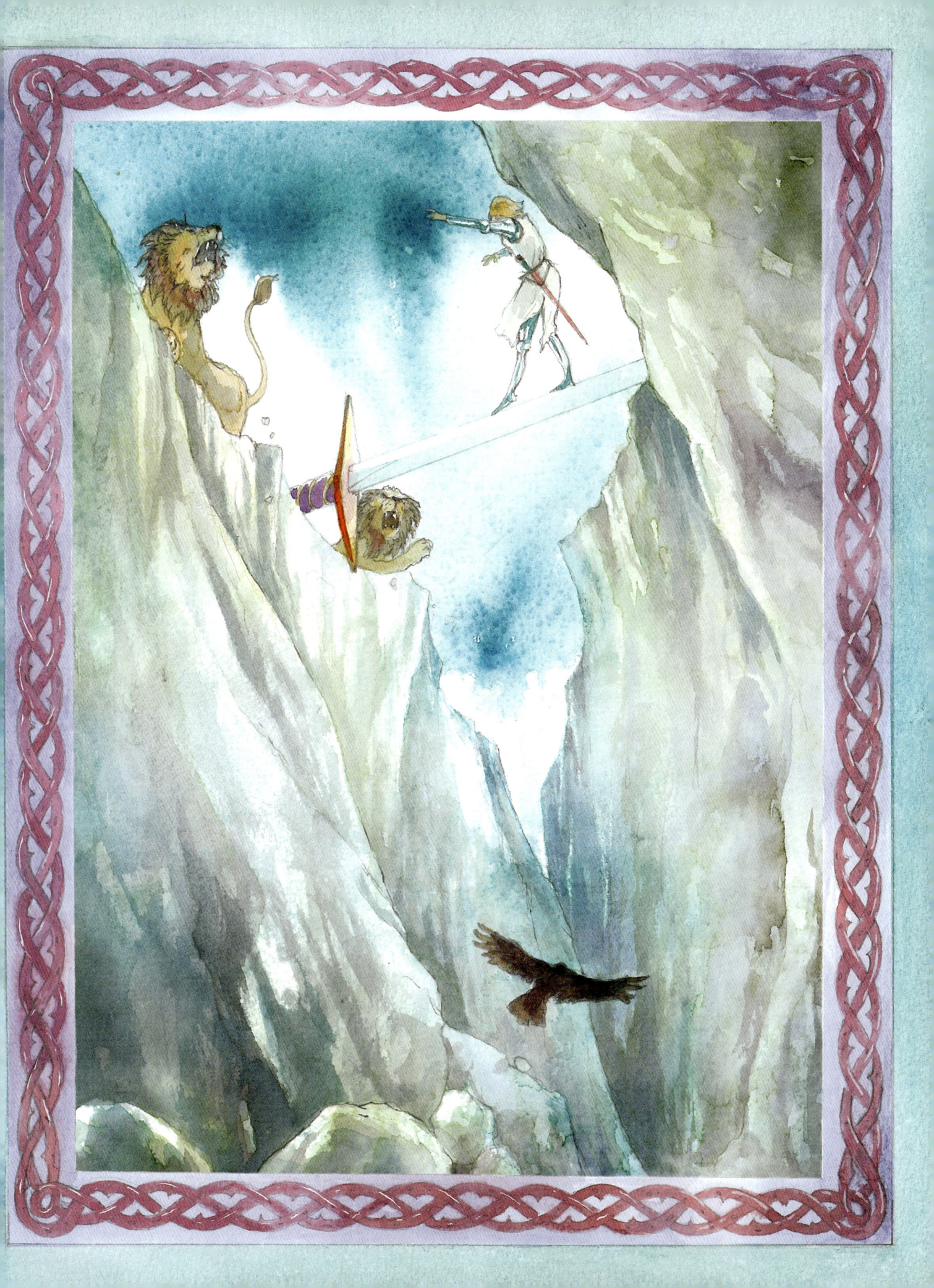

Il grimaça en sentant la lame couper à travers la semelle de ses bottes et lacérer la chair de ses pieds. Toutefois, serrant les dents de douleur, il ouvrit les yeux et commença à franchir le précipice.

Il avait presque traversé lorsque les lions rugirent avec force, lui faisant perdre sa concentration et son équilibre. L'espace d'un instant terrifiant, Lancelot chancela au-dessus du gouffre, mais il tint bon et réussit à se rétablir.

Lorsqu'il leva la tête, les lions le regardèrent, l'air affamé. « Je ne peux pas abandonner maintenant, pensa Lancelot, même si je dois mourir. » Il sortit son épée et sauta du pont.

Dès que ses pieds quittèrent la lame, les lions disparurent. Lancelot atterrit sur le sol sans se blesser. « Quelle est donc cette magie ? souffla-t-il, étonné.

— Personne n'avait réussi à traverser le pont de l'Épée jusqu'à présent », gronda une voix au-dessus de lui. Lancelot leva la tête et vit le visage du prince à la fenêtre d'une tour. « Maintenant que tu as réussi, dit le prince, tu vas devoir m'affronter. »

Lancelot se releva. « Très bien, dit-il calmement, mais si je te bats, tu devras libérer la reine et tous les autres prisonniers du Val. »

Le prince sourit d'un air confiant en voyant les pieds ensanglantés et les vêtements déchirés de Lancelot. « Bien sûr », ricana-t-il. Puis il plaça Guenièvre devant la fenêtre. « Et vous, chère reine, vous pouvez regarder », siffla-t-il.

Le prince descendit de la tour et bientôt, Lancelot et lui furent armés et prêts à s'affronter.

Lancelot était épuisé, mais il lui suffit de regarder le beau visage anxieux de la reine au sommet de la tour pour reprendre courage. Avec une force inégalée, il chargea et abattit sa lance sur le bouclier du prince. La lance se brisa, scindant le bouclier en deux et désarçonnant le prince.

Le regard noir, ce dernier se releva et dégaina son épée. Lancelot sauta à terre et fit de même. Leurs lames s'entrechoquèrent.

« Lorsque je t'aurai enfermé dans le cachot avec l'autre bon à rien de chevalier, haleta le prince, la reine sera mienne à jamais. » Il jeta un coup d'œil à Guenièvre. Lancelot en profita pour le pousser violemment, envoyant son épée hors de portée et le coinçant contre la tour.

« Rends-toi », ordonna Lancelot.

Le prince acquiesça, mais la rage brillait dans ses yeux. Il attendit que Lancelot ait le dos tourné pour sortir une dague et se jeter sur lui. « Je te tuerai avant », gronda-t-il, fou furieux.

Lancelot fit volte-face et d'un seul coup, trancha la tête du prince. « J'en doute fort. »

On entendit un craquement étrange et les verrous de la tour et du cachot cédèrent. La magie maléfique du prince avait pris fin avec sa mort.

« Merci, Lancelot », dit la reine reconnaissante en descendant les marches de la tour.

Keu sortit du cachot en titubant, clignant des yeux à la lumière du soleil. Il était tout penaud. « Hem... Ce vaurien m'a pris au dépourvu, murmura-t-il, l'air mécontent d'avoir été sauvé. Je l'aurais battu à plate couture si j'avais été prêt, c'est sûr.

— Peu importe, Keu, dit la reine en souriant. Rentrons. »

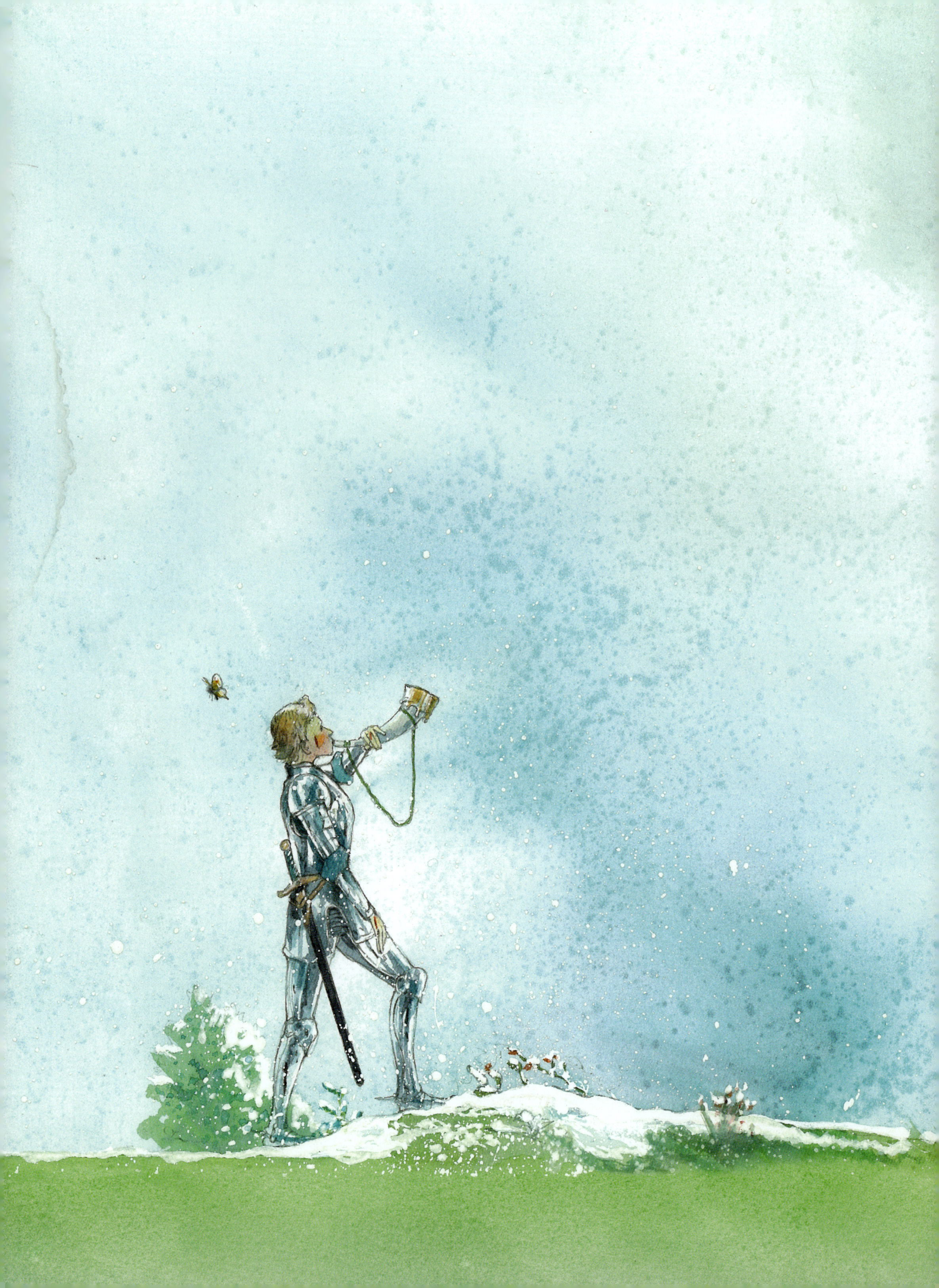